시장을 지배하는
마케팅 철학의 법칙 10

CEO가 반드시 알아야 할 마케팅 철학 강의

시장을 지배하는 마케팅 철학의 법칙 10

김기찬 · 차현주 지음

GASAN BOOKS

지은이의 글

마케팅의 핵심은 사람이다

지구에서 가장 무거운 것이 무엇일까? 지구 그 자체이다. 아르키메데스는 이 무거운 지구도 지렛대와 지렛목을 놓을 자리만 있다면 지구를 움직일 수 있다고 했다. 어렵게 보이는 마케팅도 무엇을 지렛대와 지렛목으로 쓸 것인가에 따라 다르게 보일 수 있다. 그것은 바로 마케팅적 사고와 철학에 투철한 사람을 키우는 것이 중요하다는 의미이다.

성공한 마케팅을 위해서는 '제품을 최고로 만드는 것'을 넘어 '기업 임직원을 최고로 만드는 것'에서 먼저 성공해야 한다. 도요타 자동차가 '물건 만들기'보다 '사람 만들기'를 강조하는 것도 이러한 이유이다. 전사적 마케팅은 제품 최고의 시대에서 사람 최고의 시대로 넘어가는 철학에서 출발한다. 그렇게 하기 위해서는 여러분들이 가지고 있는 마케팅에 대한 편견을 없애야 한다.

세상은 바뀌지 않는다. 자신의 내부구조를 변화시키려 하지 않고 자연을 뜯어 고치려 하는 개체는 모두 도태되고, 자신의 내부구조를 변화시켜 자연에 적응하려는 개체는 자연에 의해 선택되어 살아남게 된다. 이것이 다윈의 자연선택이론(Natural Selection Theory)이다. 성공한 기업이 되기 위해서는 우선 여러분들이 세상을 보는 방법을 바꿔야 한다.

이러한 사람 만들기를 바탕으로 다음과 같은 마케팅 조직 과제를 해결해가야만 한다.

첫째, 기업 부서 간 협력 없이 마케팅 성공은 어렵다. 제품 가치의 생산 주체는 공장과 연구개발 본부이며, 서비스 가치의 생산 주체는 영업 현장과 AS센터이며, 체험 가치의 생산 주체는 마케팅 전략과 경영 기획 부문이다.

그렇지만 마케팅 성공은 일방의 조직에 의해서만 이루어질 수 없다. 연구개발 부문, 생산 부문, 영업 및 서비스 부문이 서로 협력해야 한다. 별 볼일 없는 회사에 가면 부문 간 싸움이 치열하다. 영업 부문에서 회식하면 안주를 주문하지 않는다. 안주대신 팔리지도 않는 제품만 개발하는 연구개발 부문을 씹으면서 술을 마신다.

반대로 연구개발 부문 회식에서는 영업 부문이 안주이다. 자기들이 애써 만들어준 좋은 제품을 능력이 없어 팔지 못하는 영업 부문을 원망하기 때문이다. 이처럼 자기 부서만 고집하는 회사가 잘 돌아갈까? 이런 부서 회식에서 '쨍' 하는 건배소리는 바로 고객이 도망가는 소리이다.

개미를 3등분하면, 답은 (죽), (는), (다)라는 우스갯소리가 있다. 머리, 가슴, 배로 나누는 순간 죽어버리기 때문이다. 이처럼 조직간 장벽이 두터운 부서 이기주의 현상을 '사일로 효과(Organizational Silos Effect)'라고 한다. 이는 핵공격으로부터 자기 조직을 방호할 목적으로 만든 군사시설처럼 조직간 교류와 정보전달이 단절되어 기업이나 고객보다는 자기 부서의 이해에만 관심을 가지는 현상이다.

피터 드러커의 지적에 따르면, 모든 경영관리의 60퍼센트 이상은 커뮤니케이션이 잘 이루어지지 않아 생기는 문제이다. 기업 내 사일로가 없어져야 고객 최우선 경영이 이루어질 수 있고 위대한 회사로 발전할 수 있다. 생산과 마케팅은 물과 기름인가? 물과 기름이 섞일 수만 있다면 엄청난 에너지를 낸다.

둘째, 영업 부문과 서비스 부문의 변신이 필요하다. 이제는 물건을 파는 것이 아니라 긍지를 가지고 사용하게 만들어 주어야 한다. 프리미엄 제품을 강조할수록 영업과 서비스 부문의 역할이 더욱 중요해진다. 고객이 불만을 이야기할 때 해결해주는 것이 고객만족이다. 고객이 요구하지 않는 욕구를 미리 알아서 충족시킬 수 있어야 고객감동이 만들어진다.

　도요타가 최고급차 렉서스를 개발하면서 이에 걸맞는 영업 방식의 최고급화도 동시에 시도하였다. 영업 딜러 방식의 획기적인 개선을 꾀한 것이다. 최고급차를 어떻게 슈퍼마켓에서 팔 수 있겠는가? 부티크(boutique)형 영업이 새로운 도요타 영업 감동의 시작이 되었다. 렉서스는 부티크형으로 판매했고, 닛산의 인피니티는 기존의 슈퍼마켓형으로 판매했다. 그 결과 인피니티는 제품에서는 우수했지만, 마케팅에서의 열세로 결국 초기에 실패하고 말았다.

　이제 우리 기업들도 고객최우선과 마케팅을 통해 브랜드 가치를 높여야 한다. 그런데 일본에서는 브랜드에만 관심이 있는 경영자는 경박하다고 한다. 브랜드 가치를 위해서는 제품뿐만 아니라 영업과 서비스도 프로가 되어야 한다. 'selling'은 이미 만들어진 물건을 파는 것이고, 'marketing'은 팔리게 하는 것이고, 'branding'은 제품에 자부심을 가지고 제품을 사용하게 하는 것이다.

　셋째, 연구개발자는 늘 고객의 편에서 제품 컨셉을 설계해야 한다. 마케팅은 광고를 바꾸는 것이 아니라 제품을 바꾸는 것이다. 제품이 리마커블(remarkable)해야 고객들은 눈길을 준다. 이를 위해 영업과 서비스는 고객의 새로운 욕구정보를 수집하는 안테나숍이 되어야 한다. 그것이 바로 상품을 보는 사람인 연구개발 부서와 시장을 보는 사람인 마케팅 부서의 협력이 중요한 이유이다.

결국 마케팅은 경영의 도구가 아니라 기업의 철학이 되어야 한다. 기업은 사람 비즈니스(people business)이다. 경영은 사람이 한다. 사람이 기업을 만들고 기업이 사람을 만든다. 기업이 사람을 만들고 사람이 기업을 만드는 선순환이 작동하는 회사가 좋은 회사가 되는 것이다.

지도자는 '햇빛을 모아서 불을 만드는 돋보기' 처럼 흩어져 있는 사람들의 능력을 모아서 경쟁력으로 만드는 노력이 필요하다. 예수님도 12명의 제자(disciple)를 키워서 세상을 바꾸고자 했다. 결국 마케팅은 이러한 철학을 가진 인재를 양성하는 교육이 중요하다.

특히 마케팅이야말로 사람이 핵심이다. 공장에는 기계가 있지만 마케팅 현장에는 사람밖에 없다. 그러므로 이들 생각이 바뀌어야 한다. "평범한 직업은 없다. 평범하게 일을 하고 있을 뿐이다." 브랜드는 프로의식이 있는 사람들에게서 출발한다. 로자베스 모스 캔터(Rosabeth Moss Kanter) 하버드대학 교수는 성공하는 기업의 비결은 첫째도 사람, 둘째도 사람, 셋째도 사람이라고 했다.

마케팅은 시장을 평화적으로 점령하는 가장 효율적인 무기이다. 고객에게 이기려고 하지 말아야 한다. 고객의 지갑을 여는 얕고 좁은 마케팅에서, 고객의 마음을 여는 크고 깊은 마케팅을 실천하는 것이 필요하다. 또한 제품을 팔기보다 제품을 사용하면서 자부심을 가지도록 하는 노력이 중요하다. 그러면 브랜드 가치는 저절로 커진다. 그렇게 될 때 우리의 고객이 바로 영업부장이 된다. 행복은 행위의 결과이다. '행동하면 복이 온다'를 줄이면 '행복'이 된다.

   이 책은 마케팅의 세계를 열어준 서울대학교 임종원 교수님의 가르침에서 시작되었다. 교수님은 마케팅을 윤리에서 시작해야 하고, 철학이 시스템을 만들어야 하고, 시스템이 행동을 이끌어가야 한다는 연구 명제를 20년 전에 던져주셨다. 임종원 교수님께, 이 책을 통해 감사와 존경의 말씀을 올린다.

저자 드림

CONTENTS

지은이의 글 _04

프롤로그 _15
마케팅의 할아버지는 철학이다

성공한 기업은 훌륭한 철학이 그 바탕에 있다 _16
마케팅 철학의 10가지 법칙 _31

01
마케팅 철학 제1법칙 : 들숨날숨의 CC _47
"관계의 마술을 잊지 마라!"

협력을 통한 들숨과 날숨의 철학 _50
관계성이 지닌 신기한 재주 _55

02
마케팅 철학 제2법칙 : 보이지 않는 CC _73
"보이지 않는 것을 팔아라!"

눈에 보이는 것만 팔던 시대는 갔다 _76
보이지 않는 것의 경쟁력 3C _84

03 마케팅 철학 제3법칙 : 희망과 체험가치의 CC _91
"연애편지를 많이 쓰면 애인이 우체부와 결혼한다!"

　　　전통적 마케팅과 체험 마케팅 _93
　　　돈키호테형 CEO와 햄릿형 CEO _96

04 마케팅 철학 제4법칙 : 졸도시키는 CC _105
"고객의 지갑을 닫게 하고 마음을 열게 해라!"

　　　고객이 진정 원하는 것을 읽어라 _108
　　　고객은 만족하는 것에 그치지 않는다 _115

05 마케팅 철학 제5법칙 : 고객가치의 CC _121
"싼 제품은 과연 가치가 없는가?"

　　　고객의 기대와 가치와의 관계 _124
　　　롱테일 법칙으로 성공한 기업 _128

06 마케팅 철학 제6법칙 : 차별화의 CC _135
"누구나 다 할 수 있는 일은 필요없다!"

차별화의 진정한 정의 _138
튀어서 성공한 기업 _144

07 마케팅 철학 제7법칙 : 브랜드의 CC _149
"브랜드만 이야기하는 것은 경솔하다!"

브랜드란 무엇인가? _152
잘 나가는 브랜드 3대 원칙 _164

08 마케팅 철학 제8법칙 : 감성의 CC _173
"여자가 원하는 것을 알면 세상은 당신 것이다!"

이성이 아닌 감성으로 제품을 대하는 그들 _176
여자를 행복하게 만드는 마케팅 _185

09 마케팅 철학 제9법칙 : 고객화의 CC _193
"좋은 회사는 재고가 없다!"

　　튀고 싶은 고객, 벌고 싶은 기업 _196
　　좋은 회사는 팔고 난 후 만들기 시작한다 _205

10 마케팅 철학 제10법칙 : 윤리와 진실의 CC _211
"잡은 물고기에 먹이를 주라고?"

　　진심이 가져오는 행복 _215
　　거짓은 이제 더 이상 통하지 않는다 _220

에필로그 _225
　　철학으로 무장하여 마케팅을 하자 _226
　　공부하는 CEO가 성공하는 시대 _230

참고문헌 _234
NOTES _237

프롤로그

마케팅의 할아버지는
철학이다

 # 성공한 **기업**은 훌륭한 **철학**이
그 바탕에 있다

"철학이 없는 행동은 흉기이고 행동이 없는 철학은 가치가 없다." 〈혼다자동차 50년사〉에 실린 이 문장은 매우 깊은 감동으로 다가왔다. 어떤 행동도 철학이 없으면 흉기가 된다. 똑같은 칼도 강도가 쓰면 흉기가 되고 훌륭한 요리사가 쓰면 우리에게 좋은 음식을 만들어낸다. 철학이 없으면 사람을 해치는 도구가 되고, 철학을 가지고 사용하면 생활의 유용한 도구가 된다.

그래서 우리가 일상적으로 만들어가고 있는 시스템에 철학을 불어넣어야 한다. 또한 시스템 이전에 철학이 있어야 한다. 철학(philosophy)을 바꾸어 시스템(system)을 바꾸고, 시스템이 바꾸어 행동(behavior)을 바꾸고, 행동을 바꾸어 성과(performance)를 바꾸어야 한다.[1]

철학이란 무엇인가? 저자는 나름대로 철학을 생각의 집합으로 본다. 운명을 바꾸고 싶은가? 그러면 행동이 아니라 생각을 바꿔라. 생각을 바꾸면 저절로 행동이 바뀌고 습관이 바뀌고 결국 운명이 바뀐다. 스티븐 코비(Stephen Covey)가 안내한 길이다(김경섭,2003).

생각은 세상을 보는 방법(the way to see the universe)이며, 이것이 세상에서 활동하고 행동하는 철학(philosophy, 觀)을 만들어낸다. '세상을 보는 방법'은 어떤 창(window)을 통해서 보느냐에 달려있다. 이 창은 학자와 학문 분야에 따라 프레임(frame), 렌즈(lens), 방식(way), 관점(perspective)이라 부르기도 하고, 총칭하여 패러다임(paradigm)이라 한다.

우리는 살아가면서 세상이 바뀔 때면 항상 패러다임을 바꾸라는 충고를 듣는다. 그렇다면 도대체 패러다임이란 무엇인가?

패러다임이란 '어떤 안경을 쓰고 세상을 보느냐'이다. 즉 지금 내가 어떤 안경을 쓰고 보는가에 따라 세상도 다르게 보인다. 이것이 곧 생각의 집합인 철학을 만들어낸다. 그렇기 때문에 이떤 안경을 쓰고 세상을 보는가에 의해 이러한 생각의 집합인 철학은 한 개인의 살아가는 방향과 척도가 된다.

개인의 경우 생각의 집합인 철학으로 행동을 이끌어 결국 운명을 바꾸기도 하는데, 기업은 어떤가? 기업이 철학을 기반으로 해야 함이 중요한 까닭은 바로 여기에 있다. 기업이 어떤 철학을 가지고 있는가에 의해 기업의 행동을 이끌어 운명을 바꾸기 때문이다.

많은 기업들이 철학을 가지고 있다고 외치고 있지만 실제로 세상을 바라보는 안경을 제대로 쓰고 있는지에 대한 깊은 고찰이 없는 경우가 많다. 눈이 나쁠 때 안경을 쓰지 않으면 아무 것도 볼 수 없는 것처럼 패러다임이란 자신의 안경을 하나 갖는 것이다. 어떤 안경을 갖고 있는가가 철학을 만든다.

기업의 안경 중에서도 특히 최고경영자가 쓰고 있는 안경이 중요하다. 이런 이유로 인해 기업 이미지를 나타내는 기업 실체인 CI(Corporate Identity)와 최고경영자 실체인 CI(Chairman Identity)를 동등하게 다루는지도 모른다. 큰 경영을 하는 최고경영자일수록 돈이 아니라 경영자 철학을 필요로 한다. 돈을 철학의 중심으로 놓고 세상을 바라볼 때, 그는 이미 큰 경영을 할 그릇이 되지 못한다.

성공한 기업은 훌륭한 철학이 그 바탕에 있다. 두부를 파는 한 식품회사에 방문했을 때, "당신 회사는 무엇을 파는가?" 하고 질문해 본 적이 있다. 뜻밖에도 그들은 두부가 아니라 웰빙에 대한 철학을 판다고 했다. 두부를 만들지만 철학이 없이 만들면 사람을 해치는 불량식품이 될 수도 있기 때문이라는 것이다. 웰빙에 대한 철학을 팔고 있는 이 회사에게 소비자는 동감의 박수를 치며, 그 두부를 사 먹고 있는 것이 아닐까?

일요일이면 많은 남편들이 하와이대학 쇼핑과(하루 종일 와이프가 이끄는 대로 쇼핑가는 것을 일컬음)에 간다. 그 날 누가 더 피곤한가? 쇼핑에 집중하며 이것저것 비교하고 눈을 반짝이는 아내보다 할일

없이 카트만 밀고 다닌 남편이 더 피곤해 한다. 왜일까? 철학(너무 거창한가? 그렇다면 생각이라고 하면 어떨까?)이 없었기 때문이다.

이렇게 철학이 있는 경우와 없는 경우, 세상을 바라보는 눈도 그에 따른 행동도 모두 달라질 수 있다. 이러한 의미에서 저자는 마케팅의 할아버지를 '철학'이라고 생각한다. 철학이 없다면 마케팅도 없는 것이다. 할아버지가 없다면 내가 있을 수 없는 것과 마찬가지로 말이다. 그렇다면 지금부터 왜 마케팅의 시작을 철학에서부터 찾으려고 하는지에 대해 살펴보자.

보이는 손 마케팅의 매력

마케팅이란 시장(market)에서 일어나고 있는 일(ing)들을 관리하는 것이다. 그러면 시장이란 무엇인가? 시장이란 기회주의적 인간들의 야성적 본능들이 모인 곳이다. 이 기회주의적 인간들이 어떻게 사회를 이루며 함께 살아가고 있는가를 역사적으로 살펴볼 필요가 있다.

과거로 거슬러 올라가 시장 속의 철학적 패러다임을 살펴보면, 기회주의적 인간들이 살아가는 이 세상에는 크게 '3가지 손'이 있다. 이것은 기회주의적 인간들이 사회를 만들어 살아가는 메커니즘인데 '신의 손(God's hand)', '보이지 않는 손(invisible hand)', '보이는 손(visible hand)' 이 그것이다.

중세시대까지는 기회주의적 인간들로 하여금 신을 닮은 인간이 되도록 함으로써 이기적 인간들이 사회에서 화합하면서 살아가도록 했다. 스콜라 철학이 대표적인데 이것이 '신의 손'이다. 그러므로 이 시기에 중요한 것은 바로 신학이며 종교가 가장 발달하게 된다. 인간들의 이기심을 억제시키고 사회 속에서 질서와 화합을 시도하기에 '신의 손'은 매우 적합한 철학이었다고 본다.

그런데 중세 이후 세상이 바빠지면서 신의 손도 바빠졌다. 신의 손만으로는 인간의 기회주의적 성향을 조절하기 어려워진 것이다. 그래서 인간들이 스스로 함께 살아가도록 신은 '보이지 않는 손'을 만들어 주었다. 이것은 아담 스미스(Adam Smith)의 '보이지 않는 손'을 의미한다. 보이지 않는 손은 인간의 이성으로 인간의 이기심을 통제하는 방법이며, 바로 이기적인 사람들이 수요와 공급의 과정에서 사회적 균형을 만들어내게 하는 것으로써 이는 경제학의 기초가 되었다.

이러한 경제학은 시장에서 개인의 열정이 모여 사회적 생산력이 되는 사회현상을 잘 설명해준다. 그래서 경제학은 신학과 철학의 아들이라고 할 수 있다. 결국 눈에 '보이지 않는 손'은 시장을 통한 사회발전과 자유방임 사상을 기초로 하는 자본주의를 만들어냈다.

그런데 이러한 보이지 않는 손이 시장에서 제대로 작동하기 위해서는 많은 가정이 필요하다. 소비자와 공급자들이 차별적이지 않아야 한다든지, 거래비용이 '0'이 되어야 한다든지 말이다. 다시 말해서 이러한 경제학의 가정을 충족시킬 때, 보이지 않는 손이 제대로 역할을 할 수 있다는 것이다.

그러나 현실은 그렇게 완벽하지 못하다. 결국 이러한 현실 때문에 '보이지 않는 손'이 제대로 작동하지 못하는 이른바 '시장실패(market failure)' 현상이 생기고 말았다.

그리고 인간은 이러한 시장실패 상황을 직접 수정하고자 '보이는 손(visible hand)'[2]을 만들게 된다. 이것은 결국 세상은 수정자본주의 시대로 바뀌게 만드는 계기가 되었다.

보이는 손은 보이지 않는 손에 비해 세상 자체의 자율성과 정화성이 많이 사라진 반면, 기회주의적인 인간으로부터 세상을 좀 더 보호하면서 올바른 기능을 하도록 유도하며 관리한다. 또한 이상적 상황이 아닌 현실적 상황으로 시장을 파악하고 움직이게 만든다.

실제로 이러한 보이는 손에는 3가지 손이 있다. 행정부의 손, 경영자의 손, 소비자의 손이 그것이다. 행정부의 손은 행정학을 만들고, 경영자의 손은 경영학을 만들고, 소비자의 손은 소비자학을 만들었다. 행정학은 행정부의 손을 통해, 경영학은 경영자의 손을 통해, 소비자학은 소비자의 손을 통해 시장실패 상황을 고쳐가고 해결하고자 한다.

지금 우리가 살아가고 있는 세상은 자본주의를 바탕으로 한 수정자본주의이며, 이것은 보이는 손에 의해 조절되고 있다. 그런데 시장경제를 이끄는 손은 위의 3가지 손 중에서도 경영자의 손과 소비자의 손이라고 할 수 있다. 그리고 이러한 손은 철학을 기반으로 해야 한다. 즉 경영자는 철학을 가지고 보이는 손을 통해 시장을 바라보아야 한다. 반면 소비자의 손은 소비자가 철학을 가지고 시장을 바라보는 관점이다.

이러한 소비자의 손을 정확하게 관찰하고 그 생각과 철학을 가장 잘 이해할 수 있는 자가 바로 마케터이다. 여기에 보이는 손 마케팅의 매력이 있다. 앞서 언급한대로 마케팅이란 시장에서 일어나고 있는 일들을 관리하는 것이다.

그런데 이 시장에는 보이는 손이 존재하며 사려는 자, 즉 소비자의 손과 팔려는 자, 즉 경영자의 손이 공존하는 세계인 것이다. 이것이 이러한 두 개의 손을 관리하는 마케팅이 철학을 가져야 함을 증명하고 있다.

결국 경영학은 경제학의 아들이고, 경제학은 철학의 아들이므로, 경영학에 속해 있는 마케팅의 할아버지는 철학인 셈이다. 마케팅을 연구하고 있는 많은 학자들이 '보이는 손'으로 전략을 생각하지만 결국 전략과 구조는 '철학'에 기초하고 있어야 한다고 저자는 믿는다.

이제부터 할아버지를 존경하는 마음으로 '시장을 지배하는 마케팅 철학의 법칙'을 제시하고자 한다.

생각바꾸기 준비운동 :
마케팅에 실패한 회사의 5가지 편견

그런데 생각을 바꾸기 전에 앞서 혹시 다음과 같은 5가지 편견을 가지고 있지 않은지 한번 점검해보자.

성공한 회사와 실패한 회사를 어떻게 구별할 수 있을까? 창고에 가보면 답이 나온다. 실패한 회사의 특징은 대부분 재고가 많다는 것이다. 이들은 고객관리에 실패했고, 마케팅에 실패했기 때문이다.

불행히도 우리 기업들은 어제도 오늘도 구조조정이 계속되고 있다. 요즘의 경제상황을 본다면 미래에도 구조조정은 불가피할 것이다. 가장 큰 문제는 무엇일까? 대부분 공급과잉 시장 상황에서 재고가 누적되고 있기 때문이다. 이러한 공급과잉은 지금도 잠재적 부도 회사를 만들어내고 있다.

경쟁이 심해지면서 제품의 품질은 기업간 평준화되어 가고 있다. 더 이상 제품을 잘 만들고, 가격이 저렴하다고 해서 잘 팔리던 시대는 존재하지 않는다. 어떻게 하면 이 치열한 무한 경쟁의 시대에 살아남을 수 있을까? 이것이 마케팅이 필요한 이유이다. 오직 시장에서 성공한 기업만이 살아남기 때문이다.

마케팅은 고객가치를 최우선으로 하는 것이다. 보스는 고객뿐이다. 기업 의사결정의 모든 해답은 고객에서 찾아야 한다. 판매자 관점이 아니라 소비자 관점으로 사고를 바꾸어야 한다. 그런데 마케팅에 실패한 회사는 소비자 관점으로의 사고전환에 장애물이 되는 5가지 편견을 가지고 있다. 마케팅이란 무조건 열심히 한다고 되지는 않는다. 열심히 일한다고 해서 모두가 부자가 되는 것이 아닌 것과 같은 이치이다. 다음과 같은 5가지 잘못된 편견을 극복해야 고객최우선 경영에 성공할 수 있다.

첫째, "잡은 물고기에 밥을 줘야 할까?"

잡은 물고기에 밥을 안주는 편견이다. 대체로 일단 제품을 팔고 나면 그 고객은 잘 안 보인다. 왜냐하면 당분간 다시 우리 제품을 살 가능성이 낮기 때문이다. 그래서 영업직원들은 늘 새로운 고객을 찾아다닌다. 별 볼일 없는 회사일수록 더욱 그렇다. 그렇다면 어떻게 해야 할까? 잡은 물고기에 최고의 밥을 계속해서 줘야 한다. 우리 제품을 구입한 기존 고객들을 만족시켜야 한다. 이것은 수렵형이 아닌 양육·경작형 마케팅 관리 철학인 것이다.

그렇게 되면 우리 제품을 구입한 고객들이 자부심을 가지고 제품을 사용한다. 그러면서 이들이 입소문을 내기 시작한다. 좋은 회사는 입소문 관리를 기업이 하는 것이 아니라 고객이 하도록 한다. 만족한 고객이 바로 영업부장이 되기 때문이다. 광고, 이벤트 등을 통해 큰돈을 들이면서 마케팅 프로모션을 하지 않고도 기존 우리 제품을 구매한 고객들이 입소문을 퍼뜨리기 시작할 것이다.

그러므로 지금부터 잡은 물고기에 정성을 다해 서비스를 해야 한다. 그들이 자부심을 가지면 바로 우리 회사의 브랜드 파워가 생기게 된다.

둘째, "까다로운 고객을 멀리하고 싶은가?"

무난한 고객을 좋아하고 까다로운 고객을 싫어하는 편견을 없애야 한다. 영업현장에서 까다로운 고객의 꾸짖는 소리는 성공을 부르는 소리이다. 이 까다로운 고객을 만족시키게 되면 바로 최고의 영업과 서비스가 만들어질 수 있기 때문이다. 이탈리아 구두가 왜 세계 최고의 브랜드가 되었을까? 그 이유는 이탈리아 소비자들이 세계에서 구두에 대해 가장 까다로웠기 때문이다.

이탈리아 구두회사는 이렇게 까다로운 소비자들의 불평을 무시하지 않았고 그들 이야기를 다 듣고 고쳤더니 저절로 세계 최고 회사가 되었다고 한다. 무서운 고객은 불만이 많아도 앞에서 표현하지 않는 고객이다.

그러므로 이제부터 까다로운 고객, 불만족한 고객, 욕하고 있는 고객에게서 기회를 찾아야 한다. 이 문제를 해결할 수 있어야 마케팅부문의 존재가치가 생긴다.

셋째, "왜? 이쯤하면 되지 않을까?"

성공에 대한 편견이다. 그런데 고객은 언제나 떠날 준비를 하는 사람이다. 성공이라는 소리를 들을 때가 가장 위험하다. 성공을 느끼는 순간 의지가 사라져 버리기 때문이다. 끊임없는 노력이 필요하다. 아이스크림도 처음에는 맛있다고 느끼지만 곧 느끼지 못한다. 그래서 31가지 맛을 만들어내는 아이스크림이 만들어졌다. 더욱 차별화된 제품과 서비스가 필요할 때이다. 이제 특별하지 않으면 살아남을 수 없다. 매일매일이 새로워야 한다.

주목할 만한 가치가 있고, 새롭고, 흥미진진한 상품이나 서비스가 나오면 고객은 '리마커블(remarkable)'[3] 하다고 하면서 눈을 뜨고 귀를 열어준다. 즉 고객들이 충분히 '얘기할 만한 가치가 있다'는 뜻이다. 얘기할 만한 가치가 있는 제품이나 서비스가 나오면 말하지 않고는 못 견딘다.

그러므로 리마커블한 제품과 서비스로 시니즈(sneezer; 재채기 하는 사람)를 많이 만들어라. 웃음과 가난, 재채기는 참을 수 없다고 한다. 이처럼 리마커블을 만들어내면 말하지 않고는 못견디며, 이러한 마케팅은 성공한 것이다. 이렇게 하지 않고 가격을 낮추어 승부하는 영업 전략은 전투 중 가장 게으른 것이다.

넷째, "품질이 좋으면 고객이 저절로 찾아오는가?"

제품만 잘 만들면 된다는 편견이다. 좋은 제품이 팔리는 것이 아니라 팔리는 것이 좋은 제품이다. 강한 자가 살아남는 것이 아니라 살아남는 자가 강한 것처럼 말이다. 제조업체 임직원이나 연구원들은 제품이 좋으면 성공할 것이라는 잘못된 믿음이 있다. 그러나 제품이 좋은 데도 분명 실패하는 경우가 있다. 왜일까? 앞서 말했듯이 경쟁이 심해지면서 제품의 품질이 평준화되고 있기 때문이다.

더 이상 제품이 좋다고 잘 팔리던 시대는 지났다. 아무리 기술적으로 우수한 제품도 고객이 좋아하는 제품이어야 한다. 경쟁이 격심해질수록 좋은 제품만으로 평준화되어 가고 있는 경쟁 시장에서 성공할 수 없다. 고객의 감동을 이끌어내고 긍지를 가지면서 사용할 수 있도록 해야 한다. 그래서 모든 문제의 답은 고객이 쥐고 있다.

의외로 고객과 싸우려는 사람이 많다. 고객이 제품에 대해 불만을 토로할 때 고객을 이기려들거나 이해하지 않고 자신의 제품에 대해 깎아 내린다고 기분나빠하기도 한다. 고객에게 내 제품을 자랑하거나 주장하지 말고 고객의 불만을 해결해주면 고객만족이 된다. 그런데 고객을 만족시키는 것만으로는 다른 기업에 이미 만족하고 있는 고객을 우리 편으로 만드는 것은 불가능하다.

고객 만족 이상의 고객 감동이 있어야 다른 기업의 고객을 우리 고객으로 만들어낼 수 있다. 고객 감동을 위해서는 고객들의 숨어 있는 잠재적 욕구를 적극적으로 개발해서 충족시켜야 한다.

그러므로 소비자들이 "이 제품은 특별해", "이런 것까지!"라고 감탄하게 해주어야 한다. 결국 답은 고객에서 찾아야 한다.

다섯째, "어떻게 하면 고객의 지갑을 열까?"

고객의 지갑을 열어야 한다는 마케팅 편견이다. 고객들은 지갑열기를 싫어한다. 그런데 억지로 열게 하다 보면 고객들은 화를 낸다. 고객의 지갑을 여는 마케팅은 좁은 마케팅이며, 얕은 마케팅이다. 깊은 마케팅, 넓은 마케팅은 고객의 지갑은 닫게 하고 고객의 마음을 여는 것이다.

"왜? 문제 있나요. 밀어부칩시다"하고 싶을 때가 있다. 이때 조심해야 한다. 마음을 여는 마케팅은 물건을 파는 것보다 고객들이 무엇을 원하고 있을까에 늘 안테나를 세우고 있어야 한다. 만족한 고객을 보고 안주할 것이 아니라 불만족한 고객, 욕하고 있는 고객의 이야기를 듣고 그 이유를 풀 수 있는 마케팅, 이것이 마음을 여는 마케팅이다.

이를 위해서 마케팅은 문제해결자(solution provider)가 되어야 한다. 세상에는 오직 고객의 문제를 해결해주는 가치제공자(value provider) 혹은 문제해결자만 살아남는다.

그러므로 상품을 팔지 말고 매력을 팔아라. 그러면 고객들은 마음을 연다. 고객의 마음을 열면 고객의 지갑은 저절로 열린다. 소비자들은 그 브랜드를 좋아하게 되고 브랜드 가치도 올라간다. 브랜드는 필립 코틀러(Philip Kotler)의 주장대로 마케팅의 꽃이다.

이제 지갑을 여는 얕은 마케팅, 좁은 마케팅은 보내야 한다. 지갑이 아니라 고객의 마음을 여는 깊은 마케팅, 넓은 마케팅 시대를 열어 가야 한다.

자! 다시 한 번 이 5가지 잘못된 편견을 바꿔야 한다.

잡은 고기에게 열심히 밥을 주어서 고객을 영업부장으로 만들기, 까다로운 고객을 존중하여 최고의 브랜드 만들기, 리마커블한 영업과 서비스를 통해 고객충성도 높이기, 품질을 넘어서 고객만족을 넘어서 고객감동으로 경쟁업체 고객 끌어오기, 고객지갑이 아니라 고객의 마음열기가 실천될 수 있다면 시장을 가장 평화적으로 점령하는 가장 효율적인 고객최우선 마케팅 경영이 될 것이다.

그리고 이러한 마케팅이야말고 철학을 무기로 시장을 점령한 마케팅의 성과라 할 수 있다.

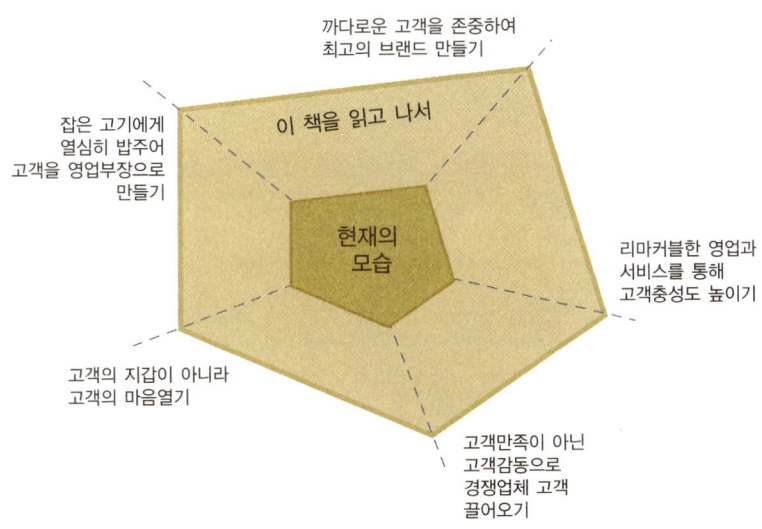

그림 1 　고객최우선 경영을 위한 5대 과제 : 시장을 평화적으로 점령하는 가장 효율적인 무기

생각이 바뀌면 행동이 바뀌고,
행동이 바뀌면 운명이 바뀐다!

한 저녁 모임에서 새우튀김을 먹고 있었다. 모두들 껍질을 벗기고 먹는데 유독 한사람은 껍질 채로 게다가, 꼬리까지 먹고 있는 것이 아닌가? 그래서 왜 딱딱한 껍질과 꼬리를 먹느냐고 했더니 새우에는 콜레스테롤이 많은데 껍질과 꼬리에 콜레스테롤은 낮추는 키토산이 많아서 함께 먹어야 한다고 했다. 그 이야기를 들은 나머지 사람들이 너도 나도 벗겨놓은 껍질과 꼬리를 먹기 시작했다.

아무 생각 없이 그저 "앞으로 여러분 새우껍질도 드세요" 라고 말했다면 행동으로 잘 옮기지 않았을 것이다.

운명을 바꾸고 싶으면 생각과 철학을 바꿔야 한다.

 # 마케팅 철학의 10가지 법칙

큰 것을 바꾸고 싶으면 철학을 바꾸고, 하던 것을 정교하게 하게 싶으면 제도를 바꿔라. 기업 경영은 방향관리과 효율관리가 중요하다. 여러분의 마케팅은 너무 미시적으로 효율관리와 운영관리에 빠지지 않았는가?

마케팅 전략에서 너무 많은 기법들이 사용되고 있다. 이것은 기계적인 기법이다. 그러나 시장은 사람이 움직인다. 그 사람의 철학과 가치관이 가장 중요한 마케팅 기법이다. 마케팅에 성공하기 위해서는 시장에 대한 배려와 책임감이 활동 전체에 스며들어 있어야 한다.

이제 철학이 담겨 있는 특별한 10가지 마케팅 법칙을 소개하고자 한다. 각각의 철학 법칙은 고유한 CC(핵심역량; Core Competence)를 지향하고 있다.

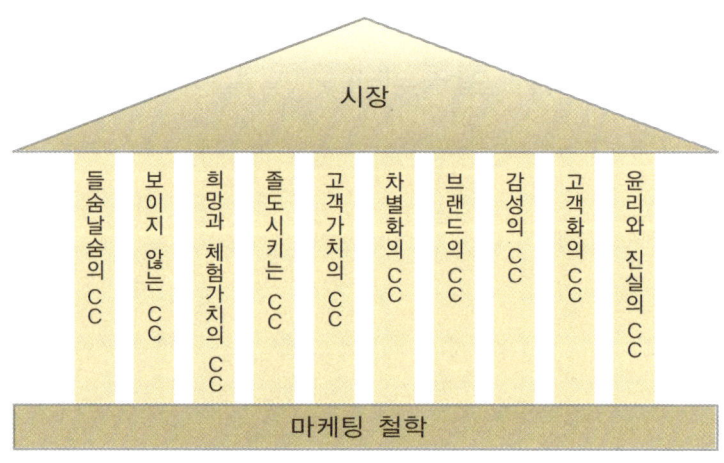

그림 2 마케팅 철학의 집

마케팅 철학 제1법칙 : 들숨날숨의 CC

우리 사회의 기초는 무엇인가? 사회란 둘 이상이 모여 무엇인가를 서로 주고받는 것에서부터 시작한다. 말을 주고받고 사랑을 주고받고 원하는 것을 주고받는다. 간단히 말해 주고받는 과정이 반드시 필요한 것이 사회이다. 시장이 바로 그러하다. 한쪽만의 일방적인 것으로 유지될 수 없는 것이 시장의 생리이다.

이렇게 주고받는 것, 즉 교환이라는 것이 이루어지는 시장을 관리하기 위해서 마케터는 시장을 관계방정식으로 풀어가야 한다. 옆 사람이 내쉬는 날숨이 내가 들이쉬는 들숨이 된다. 시장은 이처럼 들숨과 날숨의 인간생태계로 구성되어 있다. 마케팅은 인간생태계에서 관계의 고리를 복원시키고 건강하게 만들어가는 사고에서 시작되어야 한다.

"관계의 중요성을 소홀히 하는 자, 마케팅을 논할 수 없다"는 말처럼 고객과의 관계성을 무시하고 공급자와의 관계성을 통한 효과에 귀 기울이지 않는 기업가는 관계의 마술을 경험해 보지 못한 불쌍한 CEO가 될 것이다. 관계성의 핵심인 신뢰가 중심이 되어 고객, 공급자, 종업원 이 세 종류의 원활한 들숨날숨 철학이 기업을 성공으로 이끌 수 있다. 마케팅 철학 제1법칙은 '들숨날숨의 CC'이다.

마케팅 철학 제2법칙 : 보이지 않는 CC

눈에 보이는 것만 팔던 시대는 지났다. 눈으로 확인이 가능하고 눈에 의해 판단되는 것은 이제 큰 의미가 없다. 마케팅은 보이지 않는 것을 팔아야 한다. 가치와 비전, 이미지, 컨셉 등 보이지 않는 효익을 팔아야 한다. 왜 사람들은 MBA에 3만 불을 내면서까지 다니려고 하는가? 자판기에서 나오는 커피와 스타벅스 커피는 가격 차이만큼 품질 차이가 나타난다고 생각하는가?

이제 고객은 눈에 보이는 것으로 제품을 판단하기 보다는 눈에 보이지 않는 것의 경쟁력[4]에 더 많은 관심을 갖기 시작했다.

마케팅 철학 제2법칙은 보이지 않는 마케팅을 위해 마케터가 고민하고 상상하고 실천해야 함을 강조한다. 또한 보이지 않는 것의 경쟁력으로 코틀러의 3C를 제안하고자 한다. 3C란 컨셉, 핵심역량, 연결성을 의미하는데, 눈에 보이지 않는 이 세 가지 요소가 결국 경쟁력의 근본임을 주장하는 것이다. 그러므로 마케팅 철학 제2법칙은 3C를 바탕으로 경쟁하는 '보이지 않는 CC' 이다.

마케팅 철학 제3법칙 : 희망과 체험 가치의 CC

마케팅은 고객 가치를 최우선으로 한다. 고객 가치는 3가지 차원으로 구분해 볼 수 있다. 제품 가치, 서비스 가치, 체험 가치이다. 마케팅은 제품의 특징과 편익(Feature & Benefit ; F&B)을 통해 제1차원의 제품 가치를 높이고자 하는 전통적 마케팅과 제2차원의 서비스 가치와 제3차원의 체험 가치를 높여주는 체험 마케팅을 모두 포괄하고 있다. 이 3가지 가치 모두에 성공하면 판매량은 저절로 늘어난다.

고객들이 왜 제품을 구매할까? 2가지 이유가 있다.

첫 번째는 '희망(hope)'을 실현하기 위해서이다. 나의 패션을 바꿔 주지 않을까? 내 건강을 지켜주지 않을까? 우리 집을 멋있게 꾸며주지 않을까? 연인이 나를 더 사랑하지 않을까? 등등 희망을 안고 제품과 서비스를 구매한다. 마케팅에서는 고객들의 최초 구매를 구매시도(trial)라 부르는데, 제품의 특징과 편익이 고객들이 얻고자 하는 기대효익(benefit)과 친할수록 제품의 구매시도 가능성이 높아진다. 이것이 제품 컨셉 효과이다. 전통적인 마케팅에서는 이것을 특히 강조했다.

두 번째는 '희망보다 높았던 체험가치 성과(experience)' 때문에 반복구매(repeat)하는 경우이다. 최초 구매에서 얻었던 체험성과가 높았다면 그 제품이나 브랜드에 대한 집착이 강해지고 이것이 재구매로 연결된 경우이다.

결국 마케팅이란 고객으로부터 구매시도와 반복구매를 만들어내도록 하는 것이다. 고객의 구매시도에는 '특별해', '이런 것까지'를 느끼게 해주는 제품 컨셉 개발이 필요하다. 이때 제품개발과 연구개발 부문이 핵심 역할을 해야 한다. 다음으로 반복구매를 위해서는 제품의 성능과 품질과 체험만족도가 중요한 영향을 미친다. 이를 위해 생산부서, 마케팅, 영업, 서비스 부문의 역할이 중요하다.

그러므로 마케팅에 성공한 회사의 감동은 고객들의 희망(hope) 관리CC와 체험성과 관리CC의 결과이다.

성공한 기업의 마케팅 공식 :

감동(Wonder) = 고객희망 관리(Hope) × 체험성과 관리(Experience)

마케팅 철학 제3법칙은 '희망과 체험 가치의 CC'이다.

마케팅 철학 제4법칙 : 졸도시키는 CC

현대 마케팅은 고객이 원하는 것을 충족시켜주는 수동적 고객만족으로 성공할 수 없다. 모두가 고객을 좀 더 완벽하게 만족시키고자 한다면 고객들에게 감동을 넘어 그 이상 졸도하는 상황을 위한 마케팅 상상이 필요하다.

기업이 고객에게 최대한의 감동 즉, 졸도할 만큼의 감동을 선사하기 위한 철학을 가진다면, 이것이야말로 최대 핵심역량이 될 것이며 고객들의 충성도는 더욱 높아지게 될 것이다.

마케팅은 광고를 바꾸는 것이 아니라 제품과 서비스와 정신을 바꾸는 것이다. 그저 다르게만 광고를 만드는 것은 의미가 없다. 놀부의 생각보다 흥부의 마음으로 문제를 풀어가야 한다. 다시 말해서 고객이 만족하고 감동하는 것을 뛰어넘어 졸도하는 상황까지 만들 수 있는 철학을 가져야 한다. 마케팅의 목표는 고객의 만족인가? 아니면 졸도인가? 마케팅 철학 제4법칙은 고객을 '졸도시키는 CC'이다.

마케팅 철학 제5법칙 : 고객 가치의 CC

고객 가치 지향의 마케팅을 만들어가야 한다. 비싸면 무조건 가치가 있다고 믿는 일반적인 상식에서 벗어나기를 이 책은 주문하고 있다. 고객이 제품을 구매했다는 것은 그 제품이 어떻게든 그에게 있어 가치가 있기 때문이다. 가치가 없는 제품을 왜 돈을 주고 구입하 겠는가?

그러나 마치 가치가 있는 제품은 비싼 것이라고 이해하려는 사람이 많다. 특히 자신의 제품을 판매하는데 있어 가격이 낮다고 해서 가치 없는 것으로 이해하려는 한심한 기업가 또는 마케터가 있다. 자신조차도 제품에 대해 가치를 느끼지 못하는데 어떤 고객이 자사 제품을 보고 가치를 느낄 수 있단 말인가?

가치는 고객이 기대하는 것보다 성과가 높았을 때 의미가 있는 것이며, 보이는 것으로부터 나타나는 가치에 비해 보이지 않는 가치가 더욱 고객 감동과 고객 졸도에 힘을 보태줄 수 있다는 것을 알아야 한다.

또한 고객의 기대와 가치와의 관계를 살펴봄으로써 귀족 마케팅이 성공할 수 있는 이유와 싼 제품이 가치 있음으로 인해 구매 욕구를 불러일으키고 성공한 여러 예를 통해 가치를 가진 제품이 누리는 핵심역량에 대해 살펴본다. 마케팅 철학 제5법칙은 '고객가치의 CC'이다.

마케팅 철학 제6법칙 : 차별화의 CC

우리는 많은 언론매체나 조사자료 등을 통해 기업이 살아남기 위해서는 차별화가 필요하다는 말을 많이 듣고 있다. 이제는 모든 기업, 모든 사람들이 입을 모아 차별화를 외치고 있다. 그러나 실제 차별화의 정의조차 제대로 알지 못하는 경우가 많다. 말로만 차별화를 강조하지 정말로 다르다는 생각을 고객이 하지 못할 만큼 비슷한 전략, 비슷한 제품이 시장에서 판을 치고 있다.

진정한 의미의 차별화에 대해 다시 한 번 철학적 관점으로 이해할 필요가 있다. 그저 다르다는 것은 차별화가 아니다. 철학이 있어야 진정한 차별화인 것이다. '지속가능한 경쟁적 우위'가 사라진 지 오래된 이 세계에서 '철학이 없는 다름'이 어떻게 기업 핵심역량이 될 수 있는가? 이에 올바른 차별화 정의와 전략 방법에 대해 살펴본다.

또한 철학을 기반으로 하여 성공한 기업 사례를 통해 이러한 기업이 오랫동안 고객에게 사랑받고 있는 이유를 독자들이 마음으로 이해하길 바란다. 마케팅 철학 제6법칙은 '차별화의 CC'이다.

마케팅 철학 제7법칙 : 브랜드의 CC

차별화와 더불어 요즈음 가장 많이 듣는 마케팅 전략 중 하나가 브랜드 전략이다. 브랜드 파워는 실제 존재할 뿐만 아니라 정말로 중요하지만, 브랜드만 강조하는 경영자는 경박하다. 제품 특성에 맞는 브랜드 전략이 필요하며 단순한 명칭에 한정된 것이 아닌 제품이나 서비스 자체를 포함한 통합적 개념으로 브랜드를 이해해야 한다. 차별화가 실제로 무엇을 의미하는지 모르는 것처럼 브랜드의 철학적 개념도 모르고 사용하는 사람들이 많다.

잘 나가는 브랜드에는 그럴만한 이유가 있는데 전문화, 신뢰, 감성이 브랜드 3대 원칙이다. 브랜드를 단순한 제품명으로만 이해했다간 큰코 다치기 쉽다. 이 책에서는 브랜드에 대한 언급을 함에 있어서 역시 철학을 기반으로 하여 브랜드를 이해하라고 주문하고 싶다.

성공한 브랜드는 이러한 브랜드 3대 원칙에 철학을 담고 있다. 마케팅 철학 제7법칙은 '브랜드의 CC'이다.

마케팅 철학 제8법칙 : 감성의 CC

이성이 아닌 감성으로 제품을 대하는 그들, 바로 여성들이다. 이들에게 있어 스파게티를 먹는다는 것은 단순히 이탈리아 국수를 먹는다는 것과는 차원이 다르다. 그들에게 스파게티를 먹는 것은 미식을 충족하는 것이며, 문화를 접하는 것이고, 고급스러운 서비스를 통해 대우받는 것이며, 훌륭한 인테리어를 감상하는 것이다.

이러한 여성이 가진 섬세함과 분위기, 느낌, 감성을 철학적으로 파악할 수 없다면 시장을 제대로 공략하기 어려울 것이다. 오늘날 많은 기업은 여성이 가진 섬세하고 예민한 감성에 관심을 갖고 있다. 사회가 과거 딱딱하고 강인한 남성적 사회에서 부드럽고 감수성 많은 여성적 사회로 진화하고 있는 것에 주목하자.

서비스에서 뿐만 아니라 제조업에서도 고객을 감성이 풍부한 부드러운 여성으로 대할 필요가 있다. 여자를 행복하게 만드는 마케팅이야말로 성공의 열쇠가 될 것이다. 여성의 눈으로 세상을 보는 이러한 마케팅 철학 제8법칙은 '감성의 CC'이다.

마케팅 철학 제9법칙 : 고객화의 CC

고객화(customization)라 부르는 이 개념은 고객의 욕구가 점차 개인화(personalization)되어 가며, 나만의 것에 대한 집착이 강하게 나타나는 시대에 부응하여 나타난 개념이다. 자기주장이 강하고, 남과 다르게, 남보다 튀게 보이고 싶어 하는 젊은 세대는 특히 이러한 고객화에 대한 열망이 매우 큰 것으로 나타난다. 그러므로 고객화 효과가 점차 마케팅 핵심역량으로 발전할 것이다.

고객은 날이 갈수록 남들과 달라 보이고 튀고 싶어 한다. 기업은 튀고 싶어 하는 이러한 고객의 욕구를 읽어야만 원하는 만큼 얻을 수 있다. 고객화는 이제 선택이 아닌 필수가 되고 있다.

그러나 고객화가 말처럼 쉽지 않다. 고객의 욕구는 매우 다양하여 그들 개개의 욕구를 모두 충족시켜주는 것은 불가능할 뿐만 아니라 기업의 효율성 면에서도 큰 문제를 안겨다 줄 수 있기 때문이다. 그러므로 이 책에서는 파인(Pine) 교수 등이 주장한 대량고객화(mass customization)의 이론을 설명하고자 한다. 이는 표준화와 모듈화를 통한 선공정과 후조립의 원칙이 효율적인 고객화를 이끄는 이론을 의미한다.

좋은 회사는 팔고 난 후에 만들기 시작한다. 창고가 비어 있고 재고 없는 회사가 바로 경쟁우위를 점할 수 있는 핵심역량이 되는 것이다. 현재 많은 기업들은 특히 제조업체들은 계획생산(BTS; Build-to-Stock)의 문제점을 실감하고 있다. 이는 제품을 생산하여 재고로써 가지고 있다가 팔리면 돈벌고, 안 팔리면 망한다는 사고이다.

그러나 주문생산(BTO; Build-to-Order) 방식은 재고를 최소화하면서 고객의 취향에 맞추어 제작된 제품이나 서비스를 공급할 수 있다는 장점을 지니고 있다. 제조업체들이 가지고 있는 심각한 오류 중 하나가 바로 재고를 쌓아 놓고 마케팅을 시작하려는 데 있다.

좋은 회사는 팔고 난 후 만들기 시작한다. 공장이 없는 제조업체가 성공할 수 있는 것, 이것이 마케팅 철학 제9법칙 '고객화의 CC'이다.

마케팅 철학 제10법칙 : 윤리와 진실의 CC

마지막으로 마케팅 철학 제10법칙은 바로 '윤리와 진실의 CC'이다. 성공한 많은 기업을 살펴볼 때, 놀라운 사실 중 하나는 그들에게는 '진실'을 담고 있거나 또는 최소한 담으려고 노력한다는 것이다. 과거에는 진심보다는 속임수나 사기가 판을 친 경우가 많았다.

중소기업은 물론이거니와 대기업조차도 고객을 속이고 국민을 우롱하면서 그들의 이익을 취하는 행태를 벌이고, 고객은 알면서도 눈감아주기까지 했다. 그래서 그들이 과거에 많은 부를 쌓았다면, 이제 그러한 기업이 도태되는 세상 속으로 접어들고 있다. 성공한 기업의 공통된 요인 중 하나가 바로 '체질적 진리 친화력'이다.

고객에게 진심을 보이고 진심이 통하리라 믿으며, 고객을 무서워하는 기업이 성공하는 시대가 되었다는 것은 매우 고무적인 일이다. 반면에 고객을 무시하고 고객에게 속임수를 쓰는 기업은 아무리 그 기업이 거대하고 힘이 있는 기업이라도 한 순간에 모든 것을 잃어버릴 수도 있다. 마케팅 철학 제10법칙은 바로 '윤리와 진실의 CC'이다.

이상이 이 책에서 이야기하고 싶은 마케팅 철학의 10가지 법칙이다. 철학을 담은 마케팅이야말로 마케팅을 통해 사회를 개혁하고 개선하는 힘이다. 또한 이러한 철학이 바탕이 되어 만들어진 마케팅 핵심역량은 쉽게 공격당하지 않고, 시장에서 강한 경쟁적 우위를 가질 수 있으며, 바로 당신의 성공을 의미하는 것이다.

이제부터 마케팅 철학의 10가지 법칙을 순서대로 하나하나 풀어가면서 이야기해 보기로 하자.

기업 철학이 키우는 사회적 자본

'웃음은 아름다운 것인가?' 그렇다. 그러면 '미운 사람도 웃으면 아름다운가?' 아니다. 가장 꼴보기 싫은 것이다. 이 대답이 2002년 노벨 경제학상 수상자 결정에 이변을 만들었다. 경제적 행위는 대상 그 자체보다 대상을 어떤 창(frame)으로 보느냐 하는 심리학적 관점에 따라 달라지기 때문이었다. 그래서 천재들이 많다는 경제학자가 아니라 심리학자 대니얼 카너먼(Daniel Kahneman)이 수상자로 결정되었다.

'내가 여러분들의 중심이 되겠다'고 한다면 주변 사람들이 박수를 칠까? 거만해 보인다. 그래서 한번 해보라고 콧방귀를 뀔 것이다. 그런데 '내가 여러분들을 중심으로 만드는데 조그만 공헌을 하고 싶다'라고 하면 주변 사람들이 오히려 나를 도와주고 지원을 해줄 것이다. 결국 세상관리는 어떤 관점에서 보게 하느냐에 따라 적을 만들 수도 있고 후원자를 만들 수도 있다.

그저 두부를 파는 회사보다 '웰빙에 대한 철학을 파는 회사'가 환영받고 있다. 이처럼 기업을 나의 입장에서 정의하지 않고 고객의 입장에서 정의하는 회사가 아름답다.

요즘 기업이 세상을 보는 방법(way to see the universe)을 줄여서 기업들은 '방식(way)'으로 표현하고 있다. 이 방식은 바로 그 기업이 세상을 보는 철학이다. '도요타 방식(The Toyota Way)'이 대표적이다. 도요타 방식은 도요타가 세상을 보는 방식이다. 결국 카너먼의 창이든 방식이든 모두 세상을 보는 관점(perspective)이다. 우리 주변에

'一 way'를 사용하는 기업은 대체로 사회로부터 좋은 반응을 얻고 있다. 왜 그럴까? 세상을 보는 철학이 있기 때문이다. 돈 버는 데만 빠져 있지 않고 고객과 지역사회로부터 환영받을 철학을 가지고 있으며, 좋은 관점에서 행동을 하기 때문이다.

반면 이런 배려가 없는 기업은 고객의 사랑을 포기하는 것이다. 철학은 인간적이다. 계산적이지 않고 사무적이지 않다. 정신이 들어가 있다. "좋은 상품과 서비스를 파는 기업은 흥하기도 하고 망하기도 하지만 믿음을 파는 기업은 영속한다." 미국 노틀담 대학의 철학교수 톰 모리스(Tom Morris)는 〈아리스토텔레스가 GM을 경영한다면(If Aristotle Ran General Motors)〉이라는 흥미로운 책을 통해 인간존중의 기업 철학을 제안한 바 있다. 즉 세상이 바뀌어도 아리스토텔레스가 제시하고 있는 4가지 덕목인 진(truth), 미(beauty), 선(goodness) 그리고 일관성(unity)은 지도자들이 잊지 말아야 한다고 지적하였다. 즉 거짓이 없어야 하고 아름다워야 하고 윤리적이어야 하며, 일관성이 있어야 한다는 것이다.

관점이 달라지면 세상이 달리 보인다. 이제 기업도 이익극대화를 추구하는 이기적인 조직이 아니라 기업시민으로서 사회적 책임과 사회적 역할이 필요하다. UNEP(유엔환경계획)가 국제적 환경단체연합인 환경책임경제연합(CERES)과 합작하여 창립한 지속가능 경영보고 분야의 전문기구인 GRI(Global Reporting Initiative)는 기업이 지속가능한 성장을 위해서 준비해야 하는 지속가능 보고서 작성의 가이드라인에서 경제성, 사회성, 환경성 등 3가지 축을 제시하였다. 기업이 지속가능한 발전을 위해서는 이익창출의 경제적 역할뿐만 아니라 사회적 책임, 환경적 책임을 다해야 한다는 것이다.

사회적 책임은 기업으로서 법과 윤리규정을 준수하고 나아가 지역주민에 대해 자발적으로 공헌해야 하는 책임이다. 환경적 책임은 오염되어 가는 지구를 지키는 책임이다. 이제 나와 주주만 잘사는 이익만 가지고 기업을 운영하기가 어려워지고 있다. 사회는 생태계처럼 모든 것이 연결되고 통합되어 있다.

하버드대학의 마르코 이안시티(Marco Iansiti) 교수는 기업도 이제 기업생태계적 인식을 토대로 플랫폼을 진화시켜가야 한다고 주장하여 큰 호응을 받았다. 플랫폼은 생태계 구성원들의 운동장이다. 이 운동장에 뛰어 놀고 있는 협력기업, 지역주민, 고객, 주주 등 수많은 구성원들이 상생의 철학을 가지고 즐겁게 뛰어놀 수 있을 때, 이 운동장에는 스타 플레이어도 생기도 관중도 많아지고 결국 그 혜택이 플랫폼 지휘자인 기업에 돌아가게 된다.

나아가 각 분야에서 경쟁력 있는 니치 플레이어들이 계속적으로 유입되면서 플랫폼이 가지는 외부성 효과로 인해 경쟁력이 구르는 눈덩이처럼 더욱 크고 강해질 수 있다. 그러므로 물건만 잘 만드는 회사보다 좋은 플랫폼을 가진 기업이 성공한다.

선진국은 어떤 곳일까? 우리집 정원보다 동네 공원이 좋아지면 선진국이 된다. 즉 내(I)가 잘 사는 사회가 아니라 우리(We)가 잘 사는 세상이다. 어떤 사람이 좋은 사람일까? 상생과 협력의 철학을 가지고 배려해주는 사람이다. 즉 나만 중시하는 독립적(independent)인 사람보다 우리가 더불어 살아가는 상호의존적(interdependent)인 사람이다.

그래서 선진국이 될수록 내가 아닌 우리가 중심이 되는 사회가 되고 이러한 사회일수록 신뢰, 협력과 같은 사회적 자본이 중요하다. 그렇지 못하고 나만 잘 살겠다는 이기심에 사로잡혀 있으면 그 생태계는 진화하지 못하며 서로 서로 뜯어 먹다가 결국 그 플랫폼은 문을 닫고 만다. 그것이 선진사회를 지향하는 우리 기업이 이제 사회적 자본에 눈을 떠야만 하는 이유이다.

김기찬, 〈평화와함께〉, 학교법인 가톨릭학원

01

마케팅 철학 제1법칙
들숨날숨의 CC

"관계의 마술을 잊지 마라!"

한 번 관계를 맺은 고객의 마음을 미리 읽고
신뢰를 구축한 렉서스의 성공!

미국 고급 승용차 시장에서 최고 판매실적을 이룩하고 있는 도요타 렉서스의 성공은 그저 품질의 우수성 때문만은 아니다. 렉서스 딜러들이나 직원들의 고객 사랑을 보면

놀라운 일이 한두 가지가 아닌데, 그 사례를 살펴보자.

4만5천 달러에 렉서스를 구입한 고객이 처음 신차를 인도받아 운전을 하고 있었다. 별다른 일도 없고 따분하기도 해서 라디오를 켰는데, 자신이 좋아하는 올드 팝이 흘러나왔다. 두 번째 버튼을 눌렀는데 뉴스 전용 채널에서 뉴스가 나오고 있었고, 세 번째 버튼을 눌렀는데 토크쇼 전용 방송이 흘러나왔다. 네 번째 버튼을 누른 순간 그는 놀라움을 금할 길이 없었는데, 그 이유는 네 번째 채널이 딸이 좋아하는 록 음악 방송 채널이었기 때문이다. 다시 말해 첫 번째부터 네 번째까지 모든 채널이 평소 자신이 자주 듣던 방송이었던 것이다.

어떻게 이런 일이 있을 수 있을까? 단지 우연이라 하기엔 너무 본인의 취향에 맞추어 설정되어 있지 않은가?

답은 렉서스 정비사에게서 나왔다. 정비사는 보상 판매된 그의 중고차에서 고정시켜 놓았던 라디오 방송국 채널을 확인하고 이를 렉서스

승용차에 옮겨 놓은 것이다.

렉서스의 철학에는 "고객을 감동시키고 또 감동시킬 때 그는 평생동안 우리 고객이 된다"는 신념을 담고 있다. 고객관계를 구축하는 것은 그저 메일 서비스를 하고 쿠폰을 보내는 것이 아니다. 진정으로 고객을 알려고 하고 이해하려는 마음과 관심에서 고객관계는 빛을 발하게 된다.

 ## 협력을 통한 **들숨**과 **날숨**의 철학

　　　　　드라마는 우리 인생을 극적(dramatic)으로 표현한 것이다. 그런데 드라마의 소재는 늘 관계이다. 이러한 드라마가 재미있는 이유는 관계가 복잡하기 때문이다. 관계가 극도로 복잡해지면 클라이맥스가 된다. 이 관계가 간단해지면 그 드라마는 끝이 난다. 우리 인생도 마찬가지이다. 우리나라에서 관계 스트레스 때문에 이민 가고 싶다는 사람이 있지만, 자기가 자랑할 만한 일이 생겼을 때 옆에 아무도 없으면 그것 때문에 우울증에 걸린다.

　한자의 사람 인(人)자는 서로 기대고 의지하고 있는 모습이다. 어질 인(仁)자는 사람 인(人)자가 2(二)개 있어서 두 사람이 서로 협력하면서 살아가도록 하는 정신을 말한다. 그래서 우리 인생은 관계방정식을 풀어가는 것이라고 한다.

관계방정식을 풀 때 마음관리가 중요하다. 마음관리의 매개체는 말이다. 그러므로 마음관리는 언어관리라고 할 수도 있다. 언어를 통해 진심이 전해지고 그 진심이 상대의 마음을 울려야 진정한 마케팅 철학이 되는 것이다.

고객에게 진심으로 최선을 다한다면 그것은 곧 돌아오게 되어 있다. 사람은 힘과 권력으로 움직여지는 것이 아니라 마음으로 움직이기 때문이다. 마음을 열고 마음을 통하여 관계의 끈을 여는 마케팅이야말로 넓은 의미의 마케팅의 새로운 정의가 아닐까?

이 장에서는 이러한 관계에 대해 좀 더 자세히 살펴보고, 특히 관계의 마술에 빠져보길 권하고 싶다. 물건만 주고받는 것은 싸구려이다. 말과 감정과 철학을 주고받아야 명품이 된다. 시장에서 성공하려면 교환의 정의에 충실해야 한다. 시장에서 교환 관계의 질을 높이는데 역할을 하고 건강한 관계를 만드는 것이 마케팅 전략의 핵심이라 할 수 있다.

주고받는 교환관계는 누가 더 가치를 많이 창출하느냐의 게임이다. 그리고 이러한 교환과 상생에서 기억해야 할 철학은 신뢰를 바탕으로 한 관계성의 성립이다. 신뢰가 없는 관계는 마치 끝을 예감하고 시작하는 연애와 같다.

하버드대학의 마이클 포터(Michael Porter) 교수는 생태계의 먹이사슬(food chain)처럼 기업에서는 가치사슬(value chain)[5]의 고리가 경영전략의 핵심이 되어야 한다고 강조했다. 이러한 개념이 점차 발전하여 기업생태계라는 용어로 사용되고 있다. 하버드대학의 이안 시티 교수와 레빈은 기업생태계의 개념을 발표한 바 있다(Iansiti & Levien, 2004).[6] 오늘날 우리 사회에 등장하고 있는 상생경영은 '대한민국 기업생태계 경영'이라 생각된다. 이는 기업생태계(business ecosystems)라는 운동장(platform)에서 서로 즐겁게 뛰어놀면서 공존공생하면서 진화하는 개념이다. 물론 그러면서 싸우기도 한다. 그러나 싸우기만 하는 운동장에는 진화가 없다.

동의보감에서는 "불통즉통 통즉불통(不通卽痛 通卽不痛)"이라 했다. 즉 "통하지 않으면 아프고 통하면 아프지 않다"는 뜻이다. 우리 제품도, 우리 사회도, 우리 기업도 서로 통하지 않으면 시장경쟁에서 아플 수밖에 없다. 옆사람의 날숨이 나의 들숨이 되고, 동시에 옆사람의 들숨이 나의 날숨이 된다. 기업생태계의 전방에 있는 기업의 제품이 뒤에 있는 기업의 부품이 된다. 이같은 수많은 관계 방정식을 풀어가지 않고 선진사회로 발전하기 어렵다.

우리나라 호랑이의 멸종 이유는 호랑이 스스로의 경쟁력이 떨어져서가 아니라 먹이사슬의 고리가 끊어졌기 때문이다. 어느 동물보다 강하고 빠른 호랑이지만 산에 나무와 풀이 없어지고, 풀을 먹고 사는 토끼와 사슴이 없어지고, 결국 토끼와 사슴을 먹고 사는 호랑이도 생존할 수 없게 되었다는 것이다.

이제 관계의 연결을 통한 기업생태계 시대를 열어가야 한다. 이것이 사이(in-between)를 차이로 만들어 주는 관계 경쟁력이다. 도요타자동차를 이야기할 때 능력구축을 위한 협력 철학을 빼놓을 수 없다. 그들은 부품업체들을 능력중심으로 키워왔다. 1960년대 이래 완성업체와 부품업체간 소위 '블랙박스(blackbox) 방식'이라는 이름으로 진행된 설계와 개발의 파트너 관계는 오늘날 일본 자동차산업의 경쟁력을 이끌어왔다.

단순히 부품을 만들기만 하는 것이 아니라 긴밀한 관계를 유지하면서 설계와 개발을 함께 하며 깊은 파트너십을 유지하게 하는 것, 그것이 바로 지금의 도요타를 만들었다. 우리나라에서 대기업과 중소기업간 관계도 물과 기름처럼 보이지만 이것이 합쳐질 수만 있다면 엄청난 에너지를 낼 수 있다. 단 중소기업은 대기업보다 특정 분야에서 전문적인 니치 플레이어가 되어야 한다.

결국 대기업과 중소기업 간 관계설정도 협력에 대한 철학에서부터 시작할 필요가 있다. 지금 경쟁력의 개념에는 '협력'이라는 요소가 빠져 있어 사회적 자본축적의 걸림돌이 되고 있다. 협력, 상생이리는 요소가 빠져 있으면 그 곳에는 재미가 없나. 새미없는 곳은 늘 갈등만 있고 진화는 어렵다.

결국 대기업과 중소기업 간의 협력은 기업생태계적 철학에 대한 인식공유가 필요하다. 이러한 철학을 바탕으로 대기업과 중소기업 간 협력이 단기적으로 거래성과를 공유하는 반시장적 방법을 통해서가 아니라 중소기업의 사람을 키우고 기술력을 키우는 능력구축의 콘텐츠를 통해 기업생태계를 진화시키는 협력관계의 질을 변신

할 수 있을 때, 재미있는 상생의 플랫폼이 만들어질 수 있다.

기업 간 관계관리의 사례를 살펴보면, 오늘날 대다수의 제품은 단품이기보다는 수많은 부품들이 조합된 시스템이다. 시스템 성능은 구성요소 간 정교한 인터페이스에서 나온다. 그러므로 기업 간 잘못된 연결관계는 시스템의 구조적, 기능적 연결과 통합의 큰 장애물이다. 그래서 경쟁력을 평가할 때 인터페이스의 정밀도를 중시하는 아키텍처 이론이 부각되고 있다.

2004년 일본 경제산업성이 주관한 동경대학의 후지모토 다카히로(藤本隆宏, 2004) 교수의 연구에 의하면 일본 내의 자동차, 전자 등 173개 조립제품과 석유화학, 제철 등 81개의 프로세스 산업을 대상으로 아키텍처 특성을 조사한 결과 주변기기와 인터페이스를 고려하여 정밀도가 뛰어나도록 설계되고 생산될수록 국제무역에서 경쟁력을 가지는 것으로 나타났다.

'관계'는 쉬운 것 같으면서도 어려운 일이다. 한번의 만남은 쉽게 이루어질 수 있어도 반복되는 만남 속에서 서로가 협력하고 도움이 되어, 결국 서로가 서로에게 힘이 되어 주는 관계는 '신뢰'가 없으면 하룻밤에 무너져 내리는 모래성과도 같은 것이다. '들숨과 날숨의 CC'야말고 21세기의 기업 CEO가 가져야 할 철학이다. 경쟁이 아닌 상생이 성공의 열쇠이다.

 ## 관계성이 지닌 신기한 재주

　급변하는 경영환경으로 인해 점점 더 고객들의 욕구가 고급화 및 다양화되면서 기업들은 빠른 변화 요구를 받고 있으며, 이로 인해 기업 간 경쟁은 더욱 더 심화되고 있다. 이러한 이유로 인해 기업들은 고품질, 좋은 서비스, 적정한 가격의 제품을 지속적으로 제공해야 하며, 강력한 사회적, 경제적 유대를 구축하기 위해 가치 있는 고객들, 판매상 및 원료 공급업자들과 장기적인 관계를 조성할 필요가 있다는 것은 인식하고 있다.

　'관계'라고 하는 말 속에는 '장기적 연결'의 의미를 담고 있다. 즉 1회적 거래가 아닌 지속적이고 장기적인 주고받음의 법칙이 성립된다는 말이다.

　이러한 관점에서 관계 마케팅은 기업들이 그들의 제품뿐만 아니라 고객과의 관계, 그리고 기업의 마케팅 시스템 내의 다른 구성요소와의 관계에도 관심과 노력을 기울이는 것으로, 공급 파트너(원료 및 부품 공급업자, 서비스 공급업자), 잠재 파트너(경쟁자, 비영리 조직, 정부), 구매 파트너(최종 고객과 유통업자), 조직 내 파트너(기능부문, 사업단위, 종업원)를 모두 관계주체의 대상으로 성공적인 관계적 교환의 확립과 강화, 유지를 위한 모든 마케팅 활동이라고 새롭게 정의할 수 있다.

크게 세 가지 축으로 살펴볼 수 있는 관계 마케팅 활동, 즉 고객, 공급자, 파트너십은 신뢰를 철학적 기반으로 해야 한다. 신뢰를 쌓지 않고 이루어진 관계는 모래위의 성과 다름없기 때문이다. 그중에서도 가장 중요한 두 부문인 구매 파트너로서의 고객 그리고 공급 파트너로서의 원재료 및 부품 공급업자를 중심으로 관계 마케팅을 살펴보자.

우선 고객관계관리(CRM; Customer Relationship Management)는 고객과 보다 인간적인 신뢰관계를 전제로 하며, 고객의 욕구를 찾아내어 충족시키고 감동을 줄 수 있는 전략과 경영기법을 찾는 관리를 의미한다. 이러한 대고객 관계 마케팅은 고객을 단순히 교환 가능성이 있는 대상으로써 상품을 판매하는 것이 아니라, 기업과 고객이 관계의 기반 위에서 공동의 이익을 구축하고 고객들이 머무를 수 있는 환경을 설정하고자 노력하는 것을 말한다.

결국 마케팅의 성과향상을 위해서는 현재 고객과의 장기적이고 계속적인 관계를 굳건하게 구축하고, 높은 만족을 제공하여 신뢰관계를 구축하는 것이며, 이를 통해 고객의 구전 효과(word-of-mouth effect)를 최대화하여 주변의 고객을 누적적으로 흡수해야 한다.

인터넷 발달과 정보의 빠른 확산은 무엇보다도 마케팅에 있어서 구전 효과를 극대화하고 있다. 고객은 주변인뿐 아니라 이미 사용한 사람들의 블로그 등을 통해 제품이나 서비스의 만족을 미리 확인하는 치밀함을 가지고 있다. 말옮기기를 좋아하는 얼리어답터(early adopter)들은 인터넷을 통해 자신이 충성하고 있는 제품에 대해 애정표시를 뚜렷이 하며 경쟁사의 제품에 대해서는 적의를 가지고 공격하기도 한다.

많은 사람들은 이들의 난상토론에 때로는 이맛살을 찌푸리기도 하지만, 이를 통해 제품 구매를 결정하기도 한다. 그러므로 충성스러운 고객을 통한 지속적 고객관리는 현대에 와서 마케팅의 필수요소라 할 만하다.

지금은 IQ 시대가 아니라 EQ(Emotional Quotient; 감성지수)의 시대라고 한다. IQ가 원맨쇼가 통하는 시대의 물리적 힘이라면, EQ는 네트워크가 중요해지는 시대를 의미하며 감동의 힘을 강조하고 있다. 그러나 더 나아가 MQ(Moral Quotient; 도덕지수)가 미래 힘의 원천이 될 것이다. 이는 신뢰에 의한 네트워크가 중요해지는 시대로 변천해 가고 있음을 시사한다.

마케팅의 목적은 신규 고객을 창출하고 기존의 고객을 유지하는 것에 있는데, 현대에 와서 기업들이 기존 고객의 유지에 더 많은 정성을 기울이는 것도 이 때문이다. 전통적이고 단기적인 거래 마케팅(transactional marketing)과 관계 마케팅(relationship marketing)을 목표, 수단, 초점 등의 측면에서 비교해 보면 표 1과 같다.

[표 1] 거래 마케팅과 관계 마케팅의 비교

	거래 마케팅	관계 마케팅
마케팅 목표	1회적 교환 자체가 마케팅 활동의 목표	교환은 마케팅 활동의 결과 교환의 장기적인 하부구조가 되는 관계체제의 인프라 구축이 목표
마케팅 수단	마케팅 믹스 전략 중심 고객과는 제한된 의사소통	관계관리 : 파트너십 관리 고객과 사회적 상호작용
초점	교환 객체인 제품, 교환 주체인 소비자는 제품의 기계적 구입과 비용 지불 기능으로 인식	교환 주체인 파트너로서의 고객 제품 판매는 교환 주체인 소비자의 사회적 활동 결과로 인식
주요 소비자	신규 소비자 창출	기존 소비자(특히 높은 충성도의 고객)의 유지 관리
주요 성과 판단 지표	교환 객체 비율 : 시장 점유율 시장 점유율이 이익과 높은 상관관계가 있음 단기적 고도성장 지향	교환 주체 비율 : 고객 점유율(고객 충성도) 고객 점유율이 이익과 높은 상관관계가 있음 / 장기적 안정성장 지향
경쟁자에 대한 인식	경쟁관계	경쟁과 협력 관계
환경기관에 대한 인식	환경 결정론적 시각에서 환경 적응에 관심 기업과 환경의 경계가 뚜렷	환경 관리론적 시각에서 환경 개척에 관심 기업과 환경에 경계 불명확
소비자에 대한 인식	불특정 다수를 대상 제품의 구매대상으로서 소비자 단기적으로 교환 가능성이 있는 고객들을 대상으로 물품의 이전 중시	특정 목표 고객과의 관계 유지 기업 활동의 파트너로서 생활자 기업과 생활자가 공생하면서 공동의 이익을 추구
시간 지평	단기지향적	장기지향적

거래 마케팅과 이러한 큰 차이점을 가지고 있는 관계 마케팅 관점에서 보면 마케팅 관리자는 소비자들과 강력한 결속을 조성하기 위해 다양하고 특별한 마케팅 도구를 이용하게 되는데, 그 사례를 살펴보면 다음과 같다.

첫 번째 사례는 기업이 고객의 관계성에 재무적 혜택을 추가함으로써 고객의 가치와 만족을 제고하는 것으로, 항공사 마일리지 프로그램이나 자주 방문하는 고객에게 보다 업그레이드된 객실을 제공하는 호텔의 단골 고객 프로그램을 들 수 있다.

두 번째 사례는 재무적 혜택뿐만 아니라 사회적 혜택을 제공하는 것으로, 고객을 이름 없는 하나의 대중시장이 아니라 한사람 개인으로 취급하면서 고객 데이터베이스에 고객의 특별한 참고사항을 기록해두고 그에 따라 차별화된 서비스를 제공하는 것으로 리츠칼튼 호텔을 예로 들 수 있다. 이러한 CRM은 일대 일 고객관계를 형성하면서 고객화된 제품의 시장출시를 가능하게 만든다.

또한 풀무원은 웰빙과 유기농 먹거리에 대한 관심이 증대되고 있음에도 불구하고 유기농 제품에 대한 신뢰도가 낮을 수 있다는 점에 착안하여 농장 견학, 콩 고르기, 김매기 등 다양한 체험의 기회를 제공하는 유기농 콩농장 체험 프로그램을 주부대상으로 진행하고 있다.

이러한 체험 프로그램을 통해 기업과 고객은 깊은 유대관계를 가질 수 있으며, 이러한 유대관계를 바탕으로 고객 개개인의 1차적, 2

차적 욕구를 파악하고 제품과 서비스를 제공함으로써 고객들과의 사회적 결속을 강화시킬 수 있는 것이다.

세 번째 사례는 재무적, 사회적 혜택과 더불어 구조적 혹은 시스템적 관계성을 구축하는 것이다. 페덱스(FedEx)와 같은 기업에서는 무료로 제공되는 컴퓨터 프로그램 혹은 웹사이트를 통해 배송일정을 조정하고, 배송 상황을 점검하는 등의 실시간 서비스를 제공함으로써 고객들에게 보다 신속하고 믿을만한 서비스를 제공하고 있다.

이러한 사례에서 살펴볼 수 있듯이 관계 마케팅은 기업들이 제품뿐만 아니라 고객을 관리하고, 고객과의 관계를 밀접하게 하는데 집중해야 성공할 수 있다는 것을 보여준다.

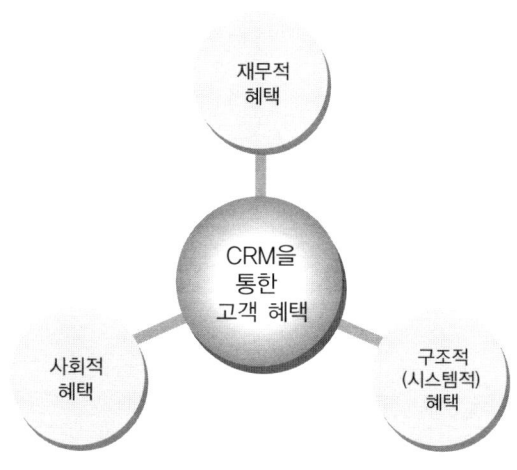

그림 3 CRM을 통해 고객이 갖게 되는 혜택

시마구치(嶋口充輝, 1995) 교수가 정리한 관계 마케팅의 실증적 증거자료를 살펴보면 다음과 같다. 미국 한 신용회사의 고객유지율이 5퍼센트 향상되면 계약 비용이 18퍼센트 절감되고 수익은 5년간 60퍼센트가 증가되는 것으로 나타났고, 서비스업에서는 고객 충성도가 5퍼센트 상승하면 이익은 25퍼센트에서 85퍼센트로 증가하는 것으로 조사되었다고 한다.

또한 신규 고객을 유인하는데 드는 비용이 기존 고객 유지비용의 5배가 필요하고, 제품을 판매하고 사후관리를 적극적으로 하는 경우가 소극적인 점포에 비해 다른 고객을 소개해주는 비율이 7~10배까지 증가한 것으로 나타났다. 제록스의 경우 고객만족도 조사에서 매우 만족한 고객이 보통 만족한 고객보다 재구매율이 6배나 증가한 것으로 조사되었다.

관계 마케팅의 시장관리적 측면을 중심으로 정리해보면 다음과 같다.

첫째, 거래의 성격을 연속적 거래로 가정하고 신규 고객 창출보다는 기존 고객의 충성도 확보 및 반복 구매의 유도활동을 중시한다. 결국 보이지 않는 손에 의해 지배를 받던 시장 메커니즘이 관계적 교환을 이끌어가는 보이는 손에 의해 지배를 받게 된다는 것을 알 수 있다.

둘째, 관계 마케팅에서 핵심은 핵심 고객에 대한 관리에 큰 비중을 둔다는 것이다. 핵심 고객 중 가장 중요한 고객은 기업 매출구성에 적용된 파레토 법칙에 의해 상위 20퍼센트의 헤비 유저(heavy user)가 매출의 80퍼센트를 올린다는 관점에서 이러한 헤비 유저와의 강력하고 안정적인 장기적 관계가 매출의 80퍼센트를 획득하도록 한다는 것이다.

셋째, 마케팅 활동을 일방적인 교환이 아니라 관련 구성원들 간의 상대 관계로 본다는 것이다. 따라서 주요 이해집단 간의 관계의 형성, 유지가 중요한 마케팅 수단이 된다는 것이다.

넷째, 개별기업의 행위보다 연계 시스템 전체의 유기적 협조체제와 그에 따른 시너지 효과의 성과를 중시한다. 경쟁자와 환경기관 등에 대해서도 보다 적극적인 관리 의지가 필요하며 이들과의 협상 및 파트너십을 통해 지속 가능한 경쟁우위를 추구할 필요가 있다.

마지막으로 마케팅 성과 측면에 있어서도 단기적 이윤 극대화를 위한 1회성 교환이라는 측면보다는 장기적, 지속적인 관계 설정이라는 관점을 중시한다.

이러한 관점에서 기업과 신뢰를 바탕으로 한 밀접한 유대관계를 가지고 있는 고객들은 단지 상품을 구매하는 사람 이상의 의미를 갖게 된다. 새로운 제품 아이디어의 원천일 수도 있고, 또한 다른 사람들에게 기업의 제품을 소개하는 전시장 혹은 홍보담당의 역할을 수행하는 등 장기적인 관계의 기반 위에서 공동의 이익을 추구해나가는 파트너 같은 존재가 되는 것이다.

결국 기업과 고객 사이의 이러한 선순환적인 관계가 형성되면 이들로 인해 고객의 수가 기하급수적으로 늘어나고, 그에 따라 기업의 이익이 증대되는 원동력으로 작용하게 되므로 관계 마케팅 관점에서 고객과의 관계성 구축은 앞으로도 기업에 많은 전략적 시사점을 제공할 것으로 판단되며 기업의 지속적인 노력만이 고객을 붙잡아 둘 수 있다는 것을 명심해야 한다.

지금 활발히 진행되고 있는 브랜드 커뮤니티를 이용해 충성도 높은 고객을 관리한다든가, 클럽 마케팅 프로그램(회원 커뮤니티 등)을 후원하는 것에 주목해야 한다.

그 유명한 HOG(Harley Owners Group)를 위해 할리 데이비슨이 고객에 맞춘 Hog Tales, Enthusiast 등 회원 잡지를 발간하고, HOG 여행용 핸드북, 보험 프로그램 등 맞춤 서비스를 지원하면서 1천 5백 개 이상 지역 HOG와 1백만 명 이상의 회원을 보유하는 것도 그냥 넘겨볼 일이 아니다.

우리는 쉽게 기업과 고객의 관계성의 중요함에 대해 이해한다. 또한 마케팅의 목석에서도 알 수 있듯이 신규고객의 창출만큼 중요한 것이 기존 고객의 유지이며, 이것이 관계 마케팅에 의한 CRM에서 시작된다는 것도 논의의 여지가 없다.

구매 파트너인 고객관리가 이렇게 중요한 것처럼, 공급 파트너와의 관계 역시 매우 중요하다. 공급 파트너는 원재료 및 부품 공급업자 등을 의미한다. 그러나 공급자와의 관계성, 즉 공급사슬관리(SCM; Supply Chain Management)에 대해서는 생소해 하는 경향이 있다.

공급사슬관리는 단순히 물류 시스템에서만 언급되는 이론이 아니다. 마케팅 측면에서 공급사슬관리란 부품업체와 유통업체와의 거래비용 관점이 강하며, 가장 최상의 품질을 가장 적정한 시간 내에 최소한의 비용으로 총체적 관리가 이루어지게 만드는 일련의 과정을 포괄적으로 의미한다.

이러한 관계 마케팅 관점에서 공급사슬관리란 기업 내 또는 기업 간의 다양한 사업 활동의 프로세스를 부문과 부서 간에 존재하는 벽을 넘어서 통합적으로 관리하는 것이다. 즉 수주에서부터 고객 납품에 이르기까지 조달, 생산, 유통 등 공급의 흐름을 효율적으로 관리하는 것이라고 정의할 수 있다.

물론 기업마다 공급사슬관리를 정의하는 기준은 약간씩 다르지만 공급사슬의 효율적인 관리가 비용감소뿐만 아니라 고객에 대한 서비스 수준을 높임으로써 기업의 경쟁력을 높여줄 수 있다는 사실에는 변함이 없다.

일반적으로 고객에 대한 서비스 수준과 비용은 트레이드오프(trade-off; 한쪽을 추구하면 다른 한쪽이 희생되는 것) 관계가 있으나 거래비용이론에 따라 기업은 효율적인 공급사슬관리를 통해 높은 서비스 수준과 낮은 비용을 동시에 달성하려 한다. 이러한 목적을 달성하기 위해서 공급사슬의 효율적 설계와 운영을 통해 공급사슬과 관련된 불확실성을 최소화하는 것이 중요하다.

불확실성을 줄임으로써 기대되는 효과에는 비용절감을 포함하여 재고수준의 감소, 제품 공급시간의 단축 및 예측 가능성의 증대, 시장변화에 대한 신속한 대응 등이 나타난다. 궁극적으로는 필요한 물건을 필요한 시간에 필요한 양만큼 공급함(Just-in-Time)으로써 최종 소비자의 만족도를 극대화시킬 수 있게 된다. 이것은 기업과 소비자와의 관계뿐만 아니라 대기업과 그 기업에 부품을 공급하는 협력기업과의 관계에서도 적용된다.

따라서 대기업과 협력기업 간의 공급사슬관리의 효율성이 강조되고 있다. 공급사슬관리는 기업을 확장된 시각에서 보는 것으로 서로 연관된 제조업자, 공급업자, 유통업자 등 모두가 고객이 원하는 제품과 서비스를 경제적, 시간적 차원에서 효율적으로 공급하기 위하여 공유된 자원 활용을 최적화하는 것을 의미한다.

또한 공급사슬 상에 존재하는 기업 내외부의 유형, 무형의 자원을 총괄하여 공급사슬 전체의 효율성을 최대화 할 수 있도록 통합적으로 관리하는 혁신적인 관리기법을 개발하는 것이기 때문에 지속적인 개선의 노력이 필요하나.

그런데 실제로 완성업체와 부품업체의 관계가 협력과 상생의 경우보다는 적대와 경쟁의 관계인 경우가 매우 많다. 미국 자동차 회사 빅3 중 하나인 포드 자동차의 경우에도 보면 공급업체와 완성업체의 관계가 매우 적대적이었다. 한 관계자에 따르면 "포드 자동차는 종업원을 증오학습학교(hate school)에 보내서 공급업체를 미워하는 방법을 배우도록 하는 것 같다"라고까지 언급했을 정도이다.

이와는 정반대의 사례가 도요타 자동차이다. 알다시피 도요타 자동차 성공의 주요 원천 중 하나가 부품업체와의 협력적 파트너십 관계 형성이다. 도요타는 자신을 부품업체보다 상위에 있다고 생각하지 않고 부품업체를 이해하고 배우고, 부품개선 활동에 함께 참여하는 것으로 유명하다. 부품업체와의 유기적 협력과 원활한 의사소통을 시도하며, 그들의 관심사를 함께 고민하고 겪어 나가는 것이다.

도요타는 이러한 상생의 원칙이 지금 도요타의 성공에 큰 몫을 해오고 있다. 최근에는 도요타가 차세대 승용차 생산을 위해 170여 개 부품에 30퍼센트의 가격인하를 단행하는 프로그램을 도입했음에도 불구하고 공급업체가 이를 불평하지 않고 함께 해줌으로써 결국 고객만족도를 높이는 결과를 가져오기까지 했다.

이처럼 다른 노선을 걸었던 포드와 도요타, 결국 도요타는 성공이라는 축배를 들었고, 포드는 다른 2개의 미국 자동차 회사(GM, 크라이슬러)와 함께 '디트로이트의 멸망'이라는 불명예를 안고 실패의 늪에서 아직도 헤매고 있다.

저자는 고객과의 장기적 관계 구축과 공급업체와의 장기적 관계 구축이라는 두 마리의 토끼를 잡으라고 주문하고 싶다. 신뢰를 철학적 기반으로 하여 관계의 중요성을 깨닫게 된다면 당신은 이미 성공의 길에 들어서고 있는 것이다.

거울을 보는 경영자보다 창문을 보는 경영자가 아름답다. 거울이

외면을 치장하는 도구라라면, 창문은 내면을 아름답게 하는 도구이기 때문이다. 2002년 노벨경제학상 수상자인 다니엘 카네만은 어떤 창으로 보느냐에 따라 세상이 달라진다고 했다. 그의 전망이론에 따르면, 반잔의 물에 부정적 틀 짜기를 하면 반잔밖에 안되지만 긍정적 틀 짜기를 하면 반잔이나 된다. 결국 창은 패러다임이고 세상을 보는 방법이다.

 기업을 둘러싼 세계가 점차 복잡해지고 힘들어지고 있다. 기업을 보는 고객, 직원, 국민들의 눈이 까다로워지고 있다. 게다가 기업경영에만 빠져 있는 경영자를 보는 가족들조차 이제 불평을 쏟아내고 있다. 그러면 미운 고객, 미운 직원, 미운 국민 게다가 미운 가족들이 다 떠나버리면 과연 행복해질 수 있을까? 532라는 창문으로 세상을 보면 마음이 열리고 세상이 달라진다. '오(5)해도 상대방의 입장에서 3번 생각하면 이(2)해가 된다' 는 마가스님의 말씀에서 힌트를 얻었다.

관계관리의 공식 :
잊지 말자 532, 다시 보자 224

첫째 질문입니다. 경영자 여러분, 오랜만에 가족들이 한자리에 모이는 추석명절은 즐거워하셨는지요? 한가위 보름달 아래서 가족들과 충전의 시간이었기를 바랍니다. 그런데 이 즐거워야 하는 명절을 지내고 가족관계가 개선되기는커녕 악화되는 경우가 많다고 합니다.

532정신으로 가족들에게 마음을 여십시오. 532정신으로 살았다면 추석전날 부부가 싸우다 자살할 일은 없었을 텐데… 참으로 안타깝습니다. 가정은 휴식과 재창조의 원천이 되어야 합니다. 사장실에서는 최고의 엘리트들이 비서로서 당신이 원하는 대로 정성껏 도와주고 있는데, 가정에 돌아가면 무뚝뚝하기만 한 자식들이 당신 마음을 무겁게 합니까? '당신 멋져'의 건배사처럼 바깥에서 '당당하고 신나고 멋있게' 사시다가 집에서는 '져주는' 당신이 되십시오.

둘째 질문입니다. 까다로운 고객을 미워하십니까? 의외로 고객을 만나기 싫어하는 경영자들이 많습니다. 경영자의 답은 시장에 있는데 말입니다. 이탈리아 구두가 세계에서 가장 고급인 이유를 조사하던 하버드대학의 마이클 포터 교수는 '이탈리아 소비자가 세상에서 가장 까다롭기 때문이었다'는 사실을 발견하였습니다.

많은 기업들이 까다로운 소비자를 싫어하는데 이탈리아 구두회사들은 까다로운 소비자들의 요구를 다 들어주고 나니 어느새 세계 1등이 되어 있더라는 것입니다. 까다로운 소비자를 무시하다가 직시했더니 수

요조건에서의 제약 요인이 경쟁력 요인으로 변해버린 것입니다.

이제 까다로운 고객의 지갑을 열려고만 하지 말고 532정신으로 고객의 마음을 여십시오. 고객이 행복해지면 그렇게 바라던 고객충성도가 생깁니다.

셋째 질문입니다. 노조원들이 미우신지요? 기업은 돈을 주는데 종업원들은 불평만 합니까? 그러면 종업원들이 원망스러우시죠. 도요타 경영자에게서 들은 이야기입니다. 자신은 사람을 키우는 일만 했더니 그 사람들이 회사를 키우더라는 것입니다. 이런 회사에서는 종업원들의 주인의식이 높습니다. 주인의식은 기적을 만들어냅니다. 주식회사 남이섬의 강우현 사장은 모두 다 남의 섬으로 생각하던 남이섬을 나의 섬이라 생각했더니 망해가던 남이섬이 가장 경쟁력 있는 회사로 살아나는 기적이 일어났다고 합니다.

주인의식이 없으면 도덕적 해이가 생깁니다. 도덕적 해이는 기업의 성과를 현저히 저하시킵니다. 532정신으로 직원들에게 마음을 여십시오. 그러면 주인의식이 생기고 회사에 생기가 돕니다.

넷째 질문입니다. 국민들이 불철주야의 고생을 몰라줍니까? 국민들에게 고용기회를 주고 부가가치를 높여 잘살게 해주는 기업을 무시하는 국민들 태도가 섭섭하신지요? 그래서 골치만 아프고 보람도 없는 기업을 그만두고 부동산 투자나 하자는 기업가들이 늘어가는 것을 보면 가슴이 아픕니다. 국민들도 532정신으로 봐주세요. 국민들은 이제 결과만큼이나 과정을 중시합니다. 윤리적이고 친환경적인 회사가 되기를 바라고 있습니다. 지구를 지키고 사회를 지켜주면 국민들이 존경할 것입니다. 그러면 프라이드가 생깁니다. 귀사를 자존심 있는 기업으로 만들어줍니다. 선진국 기업을 방문해보면 첫째 환경, 둘째 사회, 셋째 기업성과 순으로 회사를 설명합니다.

가슴이 없는 이성은 한계가 있습니다. 마음을 여는 532정신은 사회적 자본입니다. 이(2)해를 하고, 또 이(2)해를 하면 사(4)랑이 됩니다. 존경하는 경영자 여러분, 532프레임으로 아름다운 세상을 만들어주십시오. 잊지 말자 532, 다시 보자 224.

김기찬, 〈매일경제〉 칼럼: 매경의 창

마케팅 철학 제1법칙 : 들숨과 날숨의 CC

자기만 똑똑하거나 힘이 세면 최고인가? 아이러니컬하게도 생태계에서 강한 동물들이 의외로 멸종하고 있다. 힘센 공룡은 자기만 잘 먹고 약한 자를 짓누르다가 멸종하고 말았다. 생태계에서 들숨 날숨의 법칙이 작용하고 있기 때문이다.

내가 내쉬는 날숨이 옆사람이 들이쉬는 들숨이 되는 먹이사슬 생태계에서 고리가 끊어지면 멸종하고 만다. 그래서 생태계에서는 독생원리가 아니라 상생원리가 지배한다. 상생이란 상대를 도와서 나를 이롭게 하는 지혜이다. 이것이 네트워킹 효과이다. 우리나라 프로젝트 사후평가의 80퍼센트가 협조부족을 지적하고 있다. 그런데 늘 이 문제가 반복되고 있다.

들숨과 날숨의 법칙을 이해하지 못한 기업은 공룡처럼 거대해 보여도 한순간에 무너질 수 있다.

02
마케팅 철학 제2법칙
보이지 않는 CC

"보이지 않는 것을 팔아라!"

눈에 보이지 않는 것을 팔아라 - 리츠칼튼 호텔

리츠칼튼 호텔의 사명은 '고객에게 평생 기억에 남을 좋은 추억을 만들어주는 것'이라고 한다. 실제 조사에 따르면 투숙한 손님 중 약 95퍼센트가 진실로 기억에 남는 체험을 했다고 응답했다. 놀라운 일이 아닐 수 없다.

1991년 업계 최상위를 기록하며 121개 품질상을 수상했다. 매우 비싼 숙박비에도 불구하고 업계 평균보다도 높은 이용률을 누리는 이유는 무엇인가?

사명에도 나타난 고객위주의 마인드가 종업원에까지 뿌리내리고 있기 때문이다. 고객의 편의를 위해서는 종업원이 그들 자신의 일상적인 역할 업무 이외에 고객의 일을 할 수 있도록 허용하고 있다.

유명한 일화가 있다. 높은 베개를 싫어하는 투숙객이 종업원에게 낮은 베개를 부탁한 일이 있었다. 그가 다른 나라에 여행할 때, 리츠칼튼 호텔의 다른 지점에 묵게 되었는데 어떻게 알았는지 미리 낮은 베개를 가져다 놓았다는 것이다. 그들에게 특별한 대우를 받는다고 느끼게 함으로써 평생 기억에 남을 경험을 하게 하는 것, 그것이 바로 리츠칼튼이 원하는 것이고 성공의 포인트였던 것이다.

호텔을 눈에 보이는 것으로 정의하면, 단순히 '방을 빌려주는 것'으로 이해할 수밖에 없다. 눈에 보이는 것은 룸과 침대뿐이기 때문이다. 그러나 호텔을 눈에 보이지 않는 것으로 정의하면 '고객에게 평생 기억에 남을 좋은 추억을 주는 것'이라는 사명으로 설명할 수 있다.

훌륭한 서비스를 제공한 종업원에게 상을 주고, 종업원을 대우해주며 아껴주는 내부 마케팅을 통해 종업원 만족을 이끌어낸 리츠칼튼은 눈에 보이지는 않는 가치있는 서비스를 고객에게 제공할 수 있도록 종업원에게 동기를 부여했다.

 ## 눈에 **보이는 것**만 팔던 시대는 갔다

재무제표로는 이 회사가 정말 어떤 회사인지 알기가 어렵다. 보이지 않는 것을 볼 수 있는 눈이 필요하다. 전통적으로 생산의 3대 요소는 토지, 노동, 자본이다. 소위 땅으로 싸우든지(지대 싸움), 돈으로 싸우든지(이자 싸움), 인건비로 싸우라는(임금 싸움) 말이다.

우리나라는 불행히도 땅으로 싸울 만큼 땅이 넓지도 못하고 돈으로 싸울 만큼 부자나라도 아니다. 그러나 사람으로는 싸워볼 만하다. 사람도 보이는 임금이 아니라 보이지 않는 열정과 주인의식으로 싸우면 우리나라의 기업 경쟁력이 높아질 것이다.

보이는 않는 3가지가 남이섬의 기적을 만든 사례를 살펴보자.

2000년도 주식회사 남이섬은 이미 망한 회사였으며, 금융권에서도 포기한 회사나 다름없었다. 그곳에 놀러갔던 강우현씨는 일하는 종업원들이 모두 남이섬을 '남의 섬'이라고 생각하고 주인의식이 없다는 것을 알아챘다. 이 섬을 '남의 섬'이 아닌 '나의 섬'이라고 생각하라 했더니 그럼 사장을 해보라는 제의를 받았으며, 그가 사장이 된 후, 3가지를 바꾸어 남이섬의 기적을 만들었다고 한다.

그는 유원지를 관광지로, 소음을 리듬으로, 경치를 운치로 바꾸었다. 2000년 이전의 남이섬은 유원지의 이미지만 가지고 있었기 때문에 놀러 온 사람들은 그곳에 도착하면서 술부터 마셨고, 고성방가로 노래하다가 싸우는 게 흔한 현상이었다. 그래서 그는 유원지를 관광지로 바꾸는 대신 고성방가를 없애고 새소리 물소리 들리는 리듬 있는 섬으로 만들었다.

그리고 그의 창조적 디자인으로 경치를 운치로 만들었다. 그랬더니 기적이 일어났다. 2000년도에 17만 명에 불과하던 관광객이 2005년에는 250여만 명으로 늘어났다. 외국인 관광객 수도 40여만 명이 되었다. 이제는 외국인 관광객 비중이 40피센트에 이른다고 한다. 주인의식과 보이지 않는 3가지를 바꾸었더니 다 망해가던 남이섬이 가장 경쟁력 있는 회사로 살아나는 기적을 만든 것이다. 이 모든 것은 눈에 보이지 않는 것을 팔고자 했던 CEO의 노력과 성공이다.

다음의 사례 역시 눈에 보이지 않는 것을 통한 성공의 경우이다.

'이를 악물고 주인정신으로 뛰었더니 희망의 싹이 피어났다.'

이것은 바로 '미국의 GM은 노조 때문에 울고, GM대우는 노조

덕에 웃는다'는 말이다. GM이 대우를 인수할 때 부평공장은 막대한 부채로 제외되었다. 그때 품질, 생산성, 생산량, 노사평화에 대한 4대 조건을 제시하였는데, 이에 부평공장은 이를 악물고 주인정신으로 뛰었고, 그 결과 희망의 싹이 피어났다.

이제 GM대우는 GM의 생산기지 중에서 중소형차 부문에서 최고의 경쟁력을 갖추게 되었다. 칼로스가 미국 소형차 부문에서 14개월 연속 1위를 차지했으며, 2005년부터 흑자를 이루어 이제 일자리를 잃었던 동료들도 속속 제자리로 돌아오고 있다. 결국 사람이 경쟁력이지, 보이는 것의 경쟁력은 한계가 있음을 보여주는 것이다.

기업도 프로 축구팀과 같아서 훌륭한 인재가 많은 팀이 이긴다. 그래서 요즘 신문에서 몸값이 가장 큰 화두가 된다. 과거에는 돈이 생기면 부동산에 투자하는 사람이 성공했지만, 이제는 돈이 생기면 몸값을 높이는데 투자하는 사람이 성공하는 세상이 올 것이다.

그러면 나의 시장 가치는 얼마나 될까? 사람을 국제 시세로 계산해보면, 3달러 50센트 정도라고 한다. 사람 몸의 70퍼센트는 물이고, 나머지는 철분, 칼슘 등으로 이루어져 있는데 물은 생수 가격으로 환산하고, 철분은 국제 철강시세, 칼슘은 국제시장에서 칼슘 가격 등으로 환산한 것이다. 그렇다면 연봉이 수백만 불인 CEO나 연간 수백만 불을 벌어들이는 프리미어리거 박지성의 시장 가치가 어떻게 계산된 것인가? 수백만 불에서 3달러 50센트를 빼면 나머지는 뭘까?

여기에서 우리가 생각해야 할 중요한 마케팅적 물음이 제기된다. 시장 가치는 어떻게 계산되고 평가되는가? 사람의 몸값 중 3달러 50센트는 눈에 보이는 것을 파는 대가이고, 수백만 불에서 3달러 50센트를 뺀 나머지는 눈에 보이지 않는 것을 파는 대가이다.

원가식 계산법은 보이는 것만 팔지만 보이지 않는 것이 더 가치를 가진다는 것을 알 수 있다.

요즘 이야기되는 소위 플러스 알파 마케팅도 이것이다. 오가사와라 쇼지(2004)는 그의 저서 〈팔지 않고 팔리게 하라〉에서 상품은 덤일 뿐 고객은 플러스 알파를 사는 것이며, 고객도 자신이 무엇을 구매해야 할지 모를 때가 많으며 그들에게 '이것 좀 안 사주나' 하는 태도를 갖기 보다는 제품에 대한 확신과 고객에게 플러스 알파를 제공할 것을 강조한다.

그러면 여러분들은 어느 쪽을 강조해서 팔 것인가? 눈에 보이는 것, 아니면 눈에 보이지 않는 것, 답은 독자 여러분의 몫이다. 이 장에서 저자의 주상은 눈에 보이시 않는 신뢰와 만족을 팔고 제품을 덤으로 줘야 한다는 것이다.

마케팅이란 보이지 않는 것으로 정의해야 한다.

마케팅은 보이지 않는 것을 생각하게 하는 힘이다. 이에 마케팅이 파는 것은 보이지 않는 것, 즉 꿈을 팔고, 컨셉을 팔고, 이야기를 팔고, 서비스를 팔아야 한다. 또한 아이디어를 팔고, 시간을 팔고, 브랜드를 팔아야 한다.

나이키는 무엇을 팔고 있는가? 신발을 팔고 있다고 응답한 사람은 보이는 것으로만 정의한 사람이다. 나이키를 반복구매하는 사람들을 인터뷰해보면 '나이키는 나를 속이지 않는다' 라고 응답한다. 나이키를 신고 운동을 하든 춤을 추든 잘 된다는 보이지 않는 신뢰가 있었다. 이처럼 마케팅은 보이지 않는 것으로 정의할 수 있어야 한다. 나이키가 신발을 팔고 있다고 정의한다면 나이키 신발이 그렇게 비싼 것을 설명할 수 없는 것이다.

맥도날드의 경우 그들은 햄버거를 파는 것이 아니라 서비스를 팔았다. 감동의 도구를 이용한 고객감동 마케팅으로 서비스를 팔았기 때문에 맥도날드가 힘을 갖게 된 것이다. 이렇게 보이지 않는 것의 경쟁력을 믿는 철학의 눈이 필요하다.

마케팅이란 무엇인가? 마케팅이란 살고 있는 어디에서나 노출되어 있으며 단순히 광고나 홍보가 아닌 주의를 끌고, 구매력을 유인하기 위해 경쟁하는 사람들과 활동으로 구성된 거대한 네트워크 활동인 것이다. 코틀러(2001)는 "마케팅이란 교환과정을 통해 1, 2차적 욕구를 만족시키는 인간의 활동이다.(Marketing is human activity directed at satisfying needs and wants through exchange process.)" 라고 정의한다. 그러므로 효율적인 마케팅 활동을 위해서는 고객의 욕구를 정확히 파악하고 이를 교환활동에 반영시키기 위해 시장의 변화에 늘 관심을 가지고 있어야 한다.

그렇다면 시장이란 무엇인가? 우리는 시장을 어떤 관점으로 바라보아야 하는가?

　시장에는 물건을 팔려고 하는 자와 사려고 하는 자가 존재한다. 판매자는 구매자에게 제품과 서비스를 제공하고 구매자는 판매자에게 돈을 주는 교환과정(exchange)이 일어난다. 또한 이들 간에는 정보(information)가 교환되기도 하는데, 구매자는 판매자에게 그들의 욕구(needs, wants)가 무엇인지를 정보로써 전달하고 판매자는 구매자에게 제품을 알리고 홍보하며 관심을 끄는 활동을 하게 된다. 이것을 마케팅 촉진활동(marketing promotion)이라고 한다.

　또한 시장에는 환경적 요소가 존재하는데 경쟁업체, 공급업체, 물가, 환율 등 통제할 수 있는 것과 통제가 불가능한 여러 요소를 말한다. 기업은 이러한 구매자, 정보뿐만 아니라 환경적 요소도 잘 예측하고 분석할 수 있어야 한다.

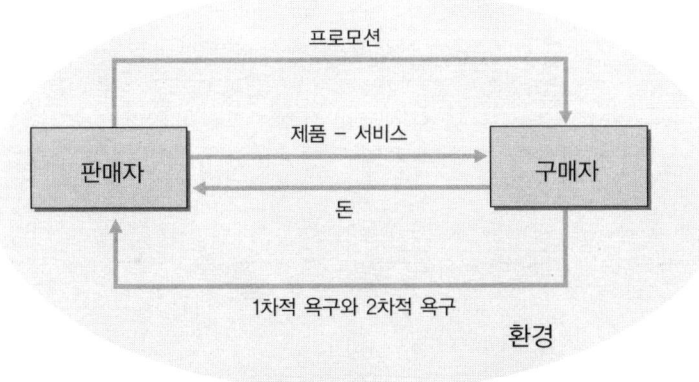

자료 : Philip Kotler, Gary Armstrong(2001), *Principles of marketing*, 9th edition, Prentice Hall.

그림 4　시장의 구조

마케팅의 목적은 월등한 가치를 약속함으로써 새로운 고객을 끌어들이고 만족을 전달함으로써 현재 고객을 유지하는 것이다. 이때 중요한 것은 고객가치와 고객만족을 창조해야 한다는 것이다. 지금 세계는 매우 빠른 속도로 진화하고 있다. 모든 경쟁적 우위는 영원하지 않으며 끊임없는 경쟁사와의 자리싸움을 하고 있다.

마케팅은 단순히 수요를 관리하는 것이 아닌 고객과의 관계성을 지속시키면서 표적시장과 바람직한 교환을 성취하기 위해 여러 가지 방법과 전략을 총동원하여 과업을 수행하는 것이다.

그러므로 고객 수의 확보와 같은 소극적 자세는 이 시대에 살아남는 방법이 될 수 없다. 바람직한 수준의 수요를 위해 때로는 수요를 증가하거나 변화시키고, 때로는 감소시키는 디마케팅(demarketing)을 해야 하며 수익성을 가진 고객과의 관계성을 구축하기 위해 끊임없이 노력해야 한다.

전통적 마케팅 이론에서는 새로운 고객을 찾아내는 것이 중요했다면, 현대 마케팅 이론은 관계를 통한 반복 고객에 더욱 초점을 맞추고 있다. 현재의 기존 고객을 만족시키기 위해 드는 비용의 평균 5배를 들여야만 새로운 고객을 끌어들일 수 있다. 이렇게 마케팅은 정확한 고객 파악과 그 고객의 욕구를 올바르게 인식하고, 효율적인 관리 노력을 할 때만이 성공할 수 있다.

마케팅이란 동적으로 움직이는 시장에서 시작된다. 시장의 변화를 눈치 채지 못하고 있는 기업은 결국 실패의 쓴 잔을 맛볼 수밖에 없다. 성공한 기업의 특징은 고객에게 강력히 집중하고 철저히 마케팅에 몰입한다. 이때 중요한 것은 빠르게 움직이는 동적 시장에서 내 고객을 정확히 찾아내어 표적화하고 이를 통한 정확한 분석을 할 수 있어야 하는 것이다.

빙산의 일각이란 말이 있다. 실제로 눈에 보이는 빙산은 아주 작은 일부에 지나지 않는다. 선장이 눈에 보이는 빙산의 크기에만 관심을 갖게 될 경우 배는 반드시 난파될 수밖에 없다. 물 밑에 숨어있는 실체인 거대한 빙산에 주의를 기울여야 한다. 이 보이지 않는 것에 고객이 얼마 만큼의 가치를 부여하고 있는가에 귀를 기울일 때 우리는 보이지 않는 것을 팔 수 있다.

보이지 않는 가치에 대한 철학적 마인드를 갖자. 고객의 마음을 보이는 것으로 움직이려 해서는 결코 안 된다. 보이지 않는 것의 가치를 고객에게 전달하고 그 가치에 미래를 담아주는 철학, 그것이 바로 '보이지 않는 CC'의 매력일 것이다.

 ## 보이지 않는 것의 **경쟁력, 3C**

　　　　　과거 마케팅적 사고는 제품 판매에 집중되어 있었고 시장에서 새로운 고객 찾기에 급급했다. 그러나 새로운 시대 마케팅적 사고는 고객과의 밀접한 연계성을 중요시하며 제품보다는 고객과 시장에 초점을 맞추고 있다. 또한 시장을 점점 더 세분화, 개인화시키고 있으며 고객 만족과 가치에 중점을 두고 있다.

　이렇게 변화하는 마케팅적 사고에서 눈에 보이는 것만 판다는 개념은 구시대적이라고 밖에 할 수 없다. 보이지 않는 것에 대한 경쟁력에 눈을 떠야 한다. 앞서 언급한 대로 현재 고객은 보이는 것이 아닌 보이지 않는 가치(value)를 구매하려고 하기 때문이다. 그 제품을 구매했을 때 갖게 되는 가치, 그 제품이 제공하고 있는 이미지를 고객은 사는 것이다.

이에 따라 4P의 시대에서 3C의 시대로의 변화에 주목할 필요가 있다. 마케팅 활동을 4P로 생각하게 되면 제품을 눈에 보이는 것으로 정의하게 된다. 그러나 우리는 마케팅이 보이지 않는 것을 파는 것이라고 했으며 그 때 비로소 경쟁력의 원천이 생긴다.

3C란 컨셉(concept), 핵심역량(core competence), 연결성(communication & connectivity)을 말한다(코틀러).

첫번째, 컨셉이란 집중의 법칙으로 잠재 고객의 기억 속에 남아있는 한 단어를 의미하는데, 메르세데스 벤츠를 생각하면 기술과 엔진이 떠오르고 BMW를 생각하면 주행감, 디자인을 생각하며 볼보는 튼튼하고 안전할 것이라고 생각되는 것을 말한다.

기업은 고객의 기억 속 제품에 대한 한 단어, 즉 포지셔닝에 성공해야 살아남을 수 있다. 컨셉은 상품의 원가보다 상품의 가격을, 상품의 가격보다 상품의 가치를 높게 하는 것으로 이성적 관점이기 보다는 감성적 접근으로 설명된다. 상품의 정의에서 원가 이상의 부분을 얼마나 가지고 있느냐가 브랜드 자산(brand equity) 가치로써의 마케팅적 정의인 것이다.

MBA는 수업료가 왜 비싼가? 이는 MBA가 수업뿐만 아니라 지금보다 2배 이상의 임금을 만들어 줄 것으로 기대하기 때문이다. 맥도날드는 햄버거를 만들어 팔지만 그것 이외의 일관성과 청결함, 신속성이란 서비스를 더 제공한다. 보디가드((주)좋은 사람들) 내의 광고를 보면 그는 속옷을 속옷으로 보지 않았다. 그는 내의를 인테리어로 보고 '바지 속의 정장' 등의 표현을 통해 기존의 컨셉을 전환시키는 노력을 했고 고객의 머리 속에 속옷을 속옷이 아닌 패션으로 포지셔닝하게 만들어 성공했다.

컨셉이 없는 사람은 순수과학 지향적이고 기술 지향적인 경우가 많다. 공부만 잘하면 되고 기계만 잘 만들면 된다고 생각한다. 컨셉을 갖는 것이야말로 기업의 성공을 안겨다주며, 그렇기 때문에 상표를 정의하고 제품을 판매하는데 어떤 컨셉으로 다가갈 것인지는 매우 중요한 마케팅 활동이 된다.

두 번째, 핵심역량이란 자신만의 특화된 서비스와 특성을 어느 정도 가지고 있느냐에 달렸다. 나의 상대와 경쟁하는데 필요한 핵심요소가 핵심역량이다. 그러므로 핵심역량의 가장 중요한 조건은 차별화이다. 편의점은 편의성으로, 백화점은 서비스로, 할인점은 가격으로 승부해야 한다.

예를 들어 할인점이 "다른 곳보다 비싸더라도 서비스는 우리가 최고이다"라고 주장한다면 성공하겠는가? 차별화는 키 큰 사람은 더 커야 하며 키가 작은 사람은 더 작아야 한다. 차별화의 포인트는 시장 정보가 생명이다. 그리고 차별화를 위해 기업은 선택과 집중을 잘 해야 한다.

왜 미국 CEO는 일반 관리자들보다 평균 150배가 넘는 연봉을 받는가? 그들은 그들의 전략적 선택의 대가로 연봉이 많은 것이다. 차별화는 선택과 집중에서 발생하며 이것은 신뢰성이나 고객화, 시간

관리 등에서도 나타날 수 있다.

앞에서 살펴본 맥도날드의 핵심역량은 일관성의 원칙을 지킨 신뢰성과 32초 안에 주문처리를 하는 신속성의 원칙, 얼룩하나 없는 청결한 식당과 분위기로써 인터브랜드사에서 평가한 상표 자산가치가 2007년 현재 세계 8위로 랭크되었으며 294억 달러에 이르고 있다.

세 번째, 연결성은 주고받음의 법칙을 의미하는데, 기업에서 연결 욕구와 네트워킹은 마케팅을 하는데 매우 중요한 요소이다. 아무리 내성적인 사람도 사회성이 필요하며 인간적 접촉이 중요하다. 연결을 갈망하는 우리의 충동은 강하여 혼자 마시는 커피보다는 사랑하는 사람과 마시는 커피가 성공 가능성이 높다.

휴대폰과 인터넷의 욕구 역시 연결성에서 찾을 수 있다. 일본과 한국에서 선풍적으로 인기를 끌었던 게임인 다마구치나 온라인 게임 등도 연결성으로 나타난 제품이다. 기업은 자기 제품이 원맨쇼를 하고 있지 않은지 살펴볼 필요가 있다.

지금은 네트워크의 시대이다. 화교가 전 세계에 살고 있는 중국이 그래서 무서운 것이다. 월트 디즈니는 만화영화 제작으로 수입을 얻고 나면 비디오나 음반, 책, 장난감 등을 만들어 판매한다. 또한 어린이 만화 채널에 방영을 하고 나면, 비디오 가게에서 대여를 시작한다. 영화의 열기가 식을 때쯤이면 아이스 쇼단을 만들어 재주기화를 시도하고, 그 후 로스엔젤리스, 플로리다, 일본, 프랑스 등지에 놀이 공원을 만들었다.

이것이 영화기획의 시너지 효과이고 이러한 브랜드 연상작용(brand association)을 통한 네트워킹으로 성공했다. 소니 역시 과거 전자업체에서 점점 이러한 엔터테인먼트 사업으로 확장하면서 연결 효과를 얻고 있다.

이러한 컨셉, 핵심역량, 연결성의 3C는 눈에 보이지는 않지만 눈에 보이는 것보다 훨씬 큰 마케팅의 원동력이 된다. 마치 거대한 빙산과 같다.

보이지 않는 경쟁력이야말로 이 시대에서 성공할 수 있는 가장 중요한 마케팅 기법이며 전략이라 할 수 있다. 위대한 기업을 위대하게 만드는 것은 무엇일까? 보이지 않는 것을 경영하기 때문이다. 보이지 않는 것을 미리 예측하고 경영하려는 철학이 필요하다.

이런 보이지 않는 철학을 지니게 될 때, 비전과 목표에 대한 사원들의 도전정신을 고취시키고 목표가 마케팅의 중심이 되어 직원과 고객이 와서 머물게 될 것이다.

마케팅 철학 제2법칙 : 보이지 않는 CC

"마음으로 보아야 하는 거야. 본질적인 것은 눈에 보이지 않는 법이란다.

집이건 별이건 사막이건 그 아름다움은 눈에 보이지 않는 것에서 오는 것이야 ….

네가 지금 보고 있는 것은 껍질뿐이야. 가장 중요한 것은 눈에 보이지 않는단다."

생텍쥐페리, 〈어린 왕자〉 중에서

03
마케팅 철학 제3법칙
희망과 체험가치의 CC

"연애편지를 많이 쓰면
애인이 우체부와 결혼한다!"

연애편지를 2백통 쓰면…

어떤 청년이 여자친구에게 2백 통의 연애편지 썼다. 어떻게 되었을까? 2백 통의 연애편지를 보낸 다음날 여자친구에게서 "우체부와 결혼하기로 했다"*는 답장을 받았다.

어떻게 이런 일이 생겼을까? 사랑한다는 생각보다 2백 통의 편지를 전해주면서 "오늘은 얼굴이 핼쑥해 보이시네요", "식사는 하셨는지요"와 같은 따뜻한 만남의 체험이 사람의 마음을 더욱 끌었다는 것이다. 이처럼 사랑한다고 생각해주는 것보다 만남 그 자체의 체험이 중요하다.

이것이 체험 마케팅(experiential marketing)이 중요한 이유이다. 체험 성과는 고객이 구매하기 전에 가지고 있었던 기대치나 희망 수준보다 높을 때 반복구매를 이끌어낸다. 그러므로 체험 만족도를 높이기 위해서는 제품의 성능과 품질뿐만 아니라 영업 및 판매 후 서비스 만족도가 높아야 한다.

* 서울과학종합대학원 윤은기 총장의 강의에서 힌트를 얻어 사례로 작성함.

 전통적 마케팅과 **체험 마케팅**

마케팅은 고객 가치를 최우선으로 한다. 고객 가치는 3가지 차원으로 구분해 볼 수 있다. 제품 가치, 서비스 가치, 체험 가치이다. 마케팅은 제품의 특징과 편익(Feature & Benefit; F&B)을 통해 1차원의 제품가치를 높이고자 하는 전통적 마케팅과 2차원의 서비스 가치와 3차원의 체험 가치를 높여주는 체험 마케팅을 모두 포괄하고 있다. 이 3가지 가치 모두에 성공하면 판매량은 저절로 늘어난다.

마케팅의 성공법칙은 '판매량 = 구매시도 × 반복구매'[7]이다. 그러므로 고객최우선 경영의 성공 여부는 고객들이 한번 사보고 싶도록 하는 구매시도를 늘리는 것이며, 다음으로 일단 구매한 고객이 반복구매를 하도록 만드는 능력에 달려 있다. 시장에는 수요와 공급의 법칙이 있듯이, 마케팅 성공에는 구매시도와 반복구매의 법칙이 바탕이 되어야 한다.

그러므로 마케팅 활동은 2가지로 압축할 수 있다.

마케팅의 1단계는 우선 고객들의 구매시도를 늘리는 것이다. 구매시도를 유도하기 위해서는 왜(why) 이 제품을 사야 하는가? 그 이유를 주어야 한다. 이것이 제품 컨셉이다. 제품 컨셉은 고객들이 제품을 통해서 얻고자 하는 효익을 말한다. 제품 컨셉을 통해 고객들의 어떤 기대를 어떻게 불러일으킬 것인가? 하는 것이 중요하다.

잘 정의된 컨셉은 고객들에게 "난 특별해"라고 느끼게 해주고 "이런 것까지"라고 생각하게 해준다. 기업이 제공하기로 약속하는 혜택의 전체 집합을 가치 제안(value proposition)이라고 한다.

구매시도는 고객의 기대를 잘 반영한 컨셉 제품의 개발과 가치 제안의 매력적인 정도에 달려 있다. 그러므로 제품개발은 고객들의 기대들을 모아 '효익 덩어리(bundle of benefits)'를 만들어야 한다. 이때 연구개발 부서의 역할이 중요하다. 단 마케팅 부서에서는 기존 제품의 불만과 새로운 고객 니즈를 잘 발견하여 연구개발 부서에 전달하는 시장 안테나의 역할을 충실히 해야 한다.

따라서 마케팅의 1단계는 고객 니즈를 발견하는 마케팅 역할과 이를 제품개발에 반영하는 연구개발 부서의 협력관계가 필수적이다.

다음 마케팅의 2단계는 일단 구입한 고객들이 다시 우리 제품을 구매하도록 하는 것이다. 재구매는 체험의 결과이다. '어떻게 체험을 환상적으로 이끌 것인가?'에 대한 고민이 필요하다. 체험의 감동은 체험 가치가 초기 희망과 기대 가치보다 크도록 하는 것이다. 고객의 기대 가치와 실제 체험 가치가 같아지면 고객 만족이 된다.

그런데 고객을 만족시키는 것만으로는 브랜드 가치가 커질 수는 없다. 고객 기대보다 체험 성과가 더욱 커야 만족 이상의 고객 감동이 온다. 고객 감동의 크기가 바로 재구매율의 원천이 되고 브랜드 가치를 생성시킨다.

그러므로 고객 감동을 위해서는 고객이 기대하지 않는 요소를 적극적으로 개발하고 충족하려는 노력이 필요하다. 그리고 제품의 특징과 편익과 같은 1차원 고객 가치인 제품 가치 이상의 2차원과 3차원의 서비스 가치와 체험 가치가 중요하다.

구매는 학습된 결과이다. 소비자의 제품학습 방법은 3가지가 있다. 교육(광고나 입소문), 모방 그리고 체험(경험)을 통하여 학습한다. 이중 직접 체험을 통해서 만들어낸 관계의 질이야말로 고객 만족과 충성심을 지키는 가장 훌륭한 담보장치이다. 그러므로 마케터는 2백통의 연애편지 사례처럼 생각하는 것보다 체험이 얼마나 중요한 것인가를 생각해야 한다.

 # 돈키호테형 CEO와 햄릿형 CEO

　　　　　　마케팅 회사의 감동 방정식을 통해 희극과 비극을 설명해보자. 문학작품에 극단적인 두 주인공, 즉 돈키호테라는 희극의 주인공과 햄릿이라는 비극의 주인공과 비교해보자.

　만일 구매시도 유인에만 성공하고 반복구매 유인에 실패하면 문학작품의 돈키호테와 같다. 돈키호테는 꿈은 커지만 실력이 따라가지 못해 웃음거리가 되고 희극의 주인공이 되고 말았다. 이는 연구개발 부서에서 고객의 기대를 반영한 제품개발에 성공했지만 생산부서나 영업, 서비스 부서의 지원이 부족해 반복구매를 할 만큼 감동적인 체험을 안겨주기에 실패한 경우이다.

　이처럼 돈키호테와 같은 회사는 처음에는 성공적인 제품개발과 광고로 소비자에게 꿈을 심어주어 구매시도에는 성공하여 대박을

터트리는 것처럼 보인다. 그러나 곧 품질불량이 발견되고 영업 및 서비스 만족도가 떨어져 고객으로부터 멀어지고 반복구매 유도에 실패한다. 결국 매출은 급락하고 웃음거리가 되고 만다.

반면에 제품 품질과 영업 및 서비스에서의 체험 만족도는 자신이 있으나 고객의 기대를 반영한 제품 개발에 실패하면 문학작품의 햄릿에 비유된다. 햄릿은 왕가의 자손으로 태어나 실력이 있지만 꿈이 없어 비극의 주인공이 되고 만다.

즉 생산 부서와 영업 부서의 지원이 뛰어나도 연구개발 부서에서 컨셉 개발에 실패하면 구매시도 유인에 실패하고 아무리 영업실력이 뛰어나도 최초구매를 유도하지 못하고 실패하는 비극의 주인공이 되고 만다.

돈키호테형 기업의 실패사례[8]

IMF 구제금융 상황이 발생하고 사회가 패배감으로 휩싸인 1998년이었다. 대통령은 텔레비전에 나와 "Buy Korea"를 선전하며, 외국기업에게 한국의 기업을 사달라는 홍보를 하고 있었다. 정부기관 및 기업은 구조조정을 실시했고, 근로자들의 임금과 생산비를 줄이기 시작했으며, 국민들은 씀씀이를 줄이고 금모으기 운동과 달러 모으기 운동 등에 참여하였다.

이렇게 한국 기업을 외국 기업에 합병시키는 풍조가 만연한 시기에 유독 눈에 띄는 제품이 있었으니, 바로 '815콜라'가 그것이었다. 다른 기업들이 외국 기업에 팔리는 와중에 오히려 815콜라는 코카콜라로부터 독립을 했다. 1948년 8월 15일 "대한독립 만세"를 외치듯 815콜라는 1998년 그렇게 우리 앞에 등장했다. 태극기가 그려진 콜라캔의 디자인과 광고 구호는 애국심을 자극하기에 충분했다.

815콜라는 제품 기능이나 품질에 중점을 두기보다 이미지나 의미를 중시하는 마케팅 방식을 택했다. 애국에 기반을 둔 마케팅 전략은 사람들의 마음을 움직였고, 시간을 초월한 이 독립이라는 단어는 1948년이 아닌 1998년에도 유효했다. 사람들은 금만 모은 것이 아니라, '독립'이란 구호만으로 콜라의 독립을 원했고, 곧바로 구매로 이어져 815콜라는 1999년 한때 콜라 시장을 13.7퍼센트까지 점유하기에 이르렀다.

그런데 왜 815콜라는 슈퍼마켓에서 자취를 감추고 말았을까? 2007년 결국 815콜라는 부도처리가 되었다. 815콜라는 코카콜라의 맛까지 따라잡지는 못했던 것이다. 애국과 독립이라는 좋은 컨셉으로 최초 구매시도에는 성공했지만, 소비자들의 체험가치 유도에 실패했기 때문에 반복구매를 유발시키지 못하여 돈키호테가 된 것이다. 이미지만 심어주었지 연구와 품질은 따라가지 못한 경우이다.

결국 "왜 이 제품을 사야 하는가?"에 대한 답을 명확히 해야 한다. 그 이유를 개발하는 연구개발 부서의 제품개발 노력과 생산, 마케팅, 영업, 서비스 부문들에 의해 성능, 품질, 서비스, 고객접촉 만족도 등을 통해 고객체험 성과를 높이는 노력들이 결합되어야만 통합적 마케팅은 성공할 수 있다.

이처럼 마케팅에 성공하기 위해서는 마케팅 함수의 각 독립변수인 구매시도가 반복구매로 이어져야 한다. 구매시도는 우리 머릿속에 있는 상품에 대한 이미지 혹은 브랜드의 가치를 변화시키는 활동으로 제품 자체에 존재하는 것이 아니라 우리 머릿속에 있는 형이상학적인 실체이다. 반면 반복구매는 우리 머릿속에 있는 것이 아닌 제품 자체에 있는 형이하학적인 실체로 볼 수 있다. 그러므로 두 가지 요인을 유인하는 방법과 성과를 높이기 위한 전략도 각각 다르다.

구매의 처음 시작은 희망을 만들어내는 컨셉이다. 좋은 컨셉의 제품에서 구매가 많이 일어난다. 그렇다면 컨셉이란 무엇일까? 요즘 세상엔 다양한 컨셉들이 넘쳐 나고 있다. 소비자의 마음을 사로잡기 위한 기업의 전략, 유권자의 환심을 사기 위한 정치인들의 주장, 계절별 유행 패션에 이르기까지 모두 컨셉을 기본으로 시작한다. 결국 컨셉은 다른 것들과 차별화를 할 수 있는 경쟁력 있는 특징이라고 할 수 있다.

1990년대를 넘어서면서 사람들의 소득수준이 향상되고 식생활에 있어서도 건강을 중시하는 사회 분위기가 형성되기 시작했다. 이런 상황에 발맞추어 소비자들은 가족과 자신의 건강을 위한 식단이 필요하다는 것을 인식하고, 식품의 위생성에 관한 관심이 점점 커가고 있었다. 이때 풀무원은 자연과 더불어 바른 먹거리를 제공하는 건강 생활기업이라는 이미지를 기본 컨셉으로 내놓았다.

풀무원의 심볼 마크인 녹색 접시는 자연을 담는 큰 그릇을 상징하는 것으로 풀무원의 비전을 형상화해 환경에 대한 큰 관심을 표현했다. 인간과 자연을 함께 사랑하는 도덕적인 기업, 믿을 수 있는 우수한 품질의 먹거리를 제공하는 기업으로 소비자들에게 감성적으로 호소하여 브랜드 이미지를 심어줌으로써, 사람들의 마음에 강하게 자리 잡고, 구매로 연결되는 성과를 거두었다. 이것이 바로 컨셉의 힘이다.

컨셉은 사람들의 마음속에 다른 제품들과 본질적으로 구별되는 차별적 특징을 심어주는 것이다. 좋은 컨셉을 통해 좋은 물건도 나올 수 있다. 따라서 기업은 사람들의 마음을 움직일 수 있는 컨셉을 찾으려는 노력과 연구를 끊임없이 해야 한다. 이러한 컨셉이 강하고 긍정적일수록 고객의 구매시도가 일어난다.

이와는 달리 반복구매는 무엇에서부터 시작할까? 고객들은 구매한 제품의 만족도에 따라 다음번 구매여부를 결정한다. 제품의 재구매뿐만 아니라 만족한 소비자의 좋은 평가는 주변사람들에게 자연스럽게 긍정적인 구전 효과로 작용하게 된다. 입소문으로 또 다시 구매가 이루어지면서 감동은 또 다른 감동을 가져오게 되는 것이다.

기업의 입장에서는 광고비용을 들이지 않고도 고객들을 통해 홍보가 이루어지게 된다. 이런 주변 사람들을 통한 긍정적인 정보는 광고를 통한 정보보다 신뢰감을 준다. 높은 질을 갖춘 제품에 고객의 마음을 움직이는 마케팅까지 더해진다면 고객 만족을 넘어서 고객 감동으로까지의 효과를 얻을 수 있다.

한번 감동을 경험한 고객이 다음에 구매할 때 같은 선택을 할 확률이 높아지는 것은 분명하다. 따라서 기업이나 서비스를 제공하는 입장에서는 고객들이 감동을 체험할 수 있는 기회를 제공하는 것이 중요하다.

성공적인 고객들의 체험을 위해서는 타깃 고객에게 잘 갖추어진 체험의 공간으로 소비자를 참여하게 만드는 것이 필요하다. 체험 마케팅은 만족했을 경우 얻는 효과가 매우 크지만 반대로 기대치 보다 낮은 질을 경험했을 때는 마음을 되돌리기까지 매우 힘들다는 단점이 있다.

이점에 유의하여 다양한 소비자들을 끌어들이기 위해 기업들은 다채로운 제품과 서비스를 개발하여 제공하고, 고객 한명 한명의 마음을 움직이 감동할 수 있는 마케팅 활동을 펼치는 데 많은 노력을 기울여야 한다.

마케팅 함수를 적용하는 데 있어 여러 난제들과 문제들이 생길 수 있다. 이런 문제에 도전하고 해결할 때에 기업은 한 단계 더 높이 올라설 수 있는 것이다. 문제 해결의 출발점은 문제를 정확히 아는 데서 시작한다. 이때 중요한 것은 '왜(why)?' 라는 의문문이다.

도요타의 성공비결로 유명한 '5 why'가 있다. '5 why'란 문제의 근원을 찾아 해결하는 실제적인 방법으로 '왜'라는 질문을 5번 반복하며 문제의 숨겨진 근본 원인을 찾으려고 노력하는 문제해결 방법이다. 기업 내에 문제를 활발히 제기하고 해결하는 분위기가 형성되어야 한다. '왜'라는 질문으로 기업은 끊임없이 고객의 마음을 읽고, 품질 및 서비스의 향상을 위해 노력해야 한다.

예를 들어, "왜 컨셉이 좋은데 구매시도가 일어나지 않을까?"라는 질문을 던질 수 있다. 프랜차이즈 사업을 살펴볼 때, 모든 가맹점이 동일한 컨셉으로 출발하지만 매출부분에 있어서는 점포별로 차이를 보인다. 그것은 가맹점별 상권의 위치와 주변 환경에도 많은 영향을 받기 때문이다.

주변의 빠른 환경변화를 감지하지 못하고 안주하고 있다가 소멸해 버리는 프랜차이즈 본사들을 자주 볼 수 있다. 좋은 컨셉의 만족에서 그치는 것이 아니라 빠르게 변화하는 고객의 욕구에 호응하여 만족감을 줄 수 있어야 꾸준히 사랑을 받을 수 있다.

또는 "왜 고객에게 만족을 넘어 감동까지 주어야 하는가?"라는 질문을 통해 어떤 가치를 얼마만큼 체험시켜 주어야 하는지도 가늠할 필요가 있다. 단순히 제품의 기능적인 측면으로 구매를 하는 시대는 갔다. 사람들은 물건을 구입하면서 자신의 감성을 소구하길 원한다.

현대백화점은 타 업체와의 차별화된 마케팅 전략으로 서서히 효과를 체험하고 있다. 사은행사, 할인판매 등 가격 중심의 행사로 가격 부분에서 만족감을 줄 수 있는 정도의 행사는 되도록 지양하고 즐거움, 아름다움 등을 전달하는 '감성소구'의 라이프스타일을 고객들에게 꾸준히 제안해 감동을 이끌어내고 있다.

이와 같이 기업은 '왜'라는 질문의식을 토대로 세상을 바라볼 줄 아는 패러다임을 가져야 한다. 이를 기반으로 한 마케팅 함수 모델은 기업이 나아가고자 하는 방향성에 대한 설명력과 예측력을 부여해 준다.

마케팅 철학 제3법칙 : 희망과 체험의 CC

우리는 단순히 커피라는 제품을 파는 것이 아니라 서비스를 파는 것이고, 고객에게 진심으로 다가가는 것이다

스타벅스 하워드 슐츠 회장

스타벅스는 제품이 아니라 커피를 우아하게 마실 수 있는 경험과 문화적 체험을 바탕으로 고객관계를 이끌어 20여 년 만에 세계 최고 커피 브랜드로 성장했다.

04
마케팅 철학 제4법칙
졸도시키는 CC

"고객의 지갑을 닫게 하고
마음을 열게 해라!"

어머니 마케팅의 성공 – 민들레영토

민들레영토는 어떻게 성공할 수 있었을까? 성공의 핵심은 '어머니처럼, 어머니만큼'이라는 철학이다. 만일 철학이 아니라 시스템이 성공의 이유였다면 벌써 제2의, 제3의 민들레영토가 등장했을 것이다.

1994년 4월 신촌에서 10평의 민들레영토를 처음 연 지승룡 사장은 그의 사업 성공을 어머니 마케팅이었다고 말한다.

그의 강의를 들어보면, 무릎이 불편해서 다리를 저시는 어머니께서 사무실에 오실 때면 두 손에 든 함밥을 지 사장에게 주시며 먹으라고 하셨단다. 우리네 어머니들은 자식에게 하나라도 더 먹이고 싶어 하신다. 지 사장의 어머니 역시 여느 어머니와 다를 바가 없었다. 너무 많다고 그만 가지고 오시라고 해도 어머니는 항상 넉넉히 자식이 먹을 음식을 준비해 오셨단다.

밥을 먹다가 지 사장은 어머니와 같은 사랑이야말로 고객을 사로잡는 진심의 마케팅이란 것을 깨닫게 된다. "이렇게 내가 고객에게 다가간다면 고객이 우리를 어떻게 잊을 수 있겠는가! 어머니는 밥을 갖고 오셨지만 어머니의 이 마케팅은 대단한 것이다" 지 사장의 말이다.

지사장은 천성적으로 머리 굴리는 사람을 좋아하지 않는다고 한다. 자신 역시 머리로 성공한 것이 아니라고 강조한다.

머리를 굴리지 않고 합리성과 타협하지 않았기 때문에 성공한 것이라고 말한다. "혼자서도 눈치 보지 않고 쉴 수 있는 공간을 만들자, 힘들고 지친 사람에게 좋은 이야기를 하는 주인 아저씨가 있는 곳을 만들자"라는 감성적 사고로 카페를 열었고 철저히 고객의 편에서 생각하려고 노력했다고 한다. 고객을 진심으로 대하려 했던 그의 마음이 통하여 고객의 마음을 열게 한 것은 아닐까?

그는 어머니 마케팅에 대해 다음과 같이 결론을 내리고 있다. "오리를 가고자 하는 사람에게 십리를 주는 마음, 어머니의 마음으로 사람을 대하고 사람과 사람을 이어주는 것, 그것이 어머니 마케팅이다"(민들레영토 홈페이지 등 참조).

 **고객**이 진정 원하는 것을 읽어라

마케팅 철학 제4법칙은 '졸도시키는 CC'이다. 이것은 기업이 서비스나 제품을 판매하는 데 있어서 품질만 좋으면 고객은 만족할 것이라 여겼던 전통적 기능과 특성중심 사고의 한계를 극복해야 함을 의미한다. 이제는 체험 성과가 중요하다. 고객이 제품의 구매와 사용과정에서의 체험에서 만족 이상의 졸도할 만큼의 큰 기쁨을 느낄 수 있도록 해야 한다.

고객들은 지갑을 열기 싫어한다. 열기 싫어하는 지갑을 억지로 열려고 하지 말고 고객의 마음을 열면 된다. 그러면 지갑은 저절로 열린다.

민들레영토의 지승룡 대표는 엄마의 젖을 빨다가 잠든 아기는 엄마의 정성에 감동하여 졸도한 것이라고 표현하면서, 엄마와 같은 마음으로 고객을 졸도시키기 위해 노력한 결과가 민들레영토 성공의 핵심이라고 했다.

마케팅을 구성하는데 가장 중요한 것은 고객의 욕구이다. 기업은 항상 고객이 무엇을 원하는지를 파악해야만 살아남을 수 있다. '배가 몹시 고프다'라는 것은 인간이 기본적으로 가지고 있는 초기 욕구에 해당한다. 무엇인가 결핍을 느끼는 상태인 이것을 고객의 1차적 욕구(needs)라고 한다. 반면에 '배가 고프면 무엇이 떠오르는가?' 라는 질문의 답이 2차적 욕구(wants)에 해당한다.

배가 고프면 밥이 떠오르기도 하고, 햄버거가 떠오르기도 한다. 누구는 카레가 떠오르고 또 누구는 스테이크를 떠올린다. 즉 2차적 욕구라 함은 문화와 개성에 따라 각각 다른 욕구를 충족시키는 형태를 의미하는데, 이때 기업은 고객을 자사 제품으로 유인하도록 자극시켜 2차적 욕구를 발생시키는 노력을 한다.

그러나 이러한 1·2차적 욕구의 발생이 일어나게 된다 하더라도 비용을 지불해 살 수 있는가(구매력) 등에 따른 문제가 또 발생한다. 이것을 우리는 수요(demand)라고 한다. 그러므로 욕구가 있다고 하더라도 그것을 살 수 있는가의 문제를 생각해 보아야 한다.

자동차를 구매하고 싶은 욕구가 있으며 그 중에서도 스포츠카의 대명사인 페라리를 사고 싶다고 하자. 이미 1차적, 2차적 욕구가 발생한 것이다. 그러나 그가 돈을 벌고 있지 않는 가난한 10대라면 페라리를 구매할 수 없지 않은가? 이것이 바로 수요라는 것이다.

마케터가 통계와 분석을 토대로 하는 수요예측을 잘 해야 함은 바로 이러한 수요를 정확히 파악하고 이러한 수요가 구매로 이어지게 되는 계기인 동기(motivation)를 잘 발생시켜야 하기 때문이다. 동기에 자극을 받은 고객은 결국 구매(purchase)로 이어지게 된다. 구매가 발생하게 되면 고객은 구매한 제품에 대한 만족과 불만족을 경험하게 되는데 만족의 크기에 따라 재구매(post-purchase)가 일어난다.

우리 사회는 2000년대 접어들면서 신규구매 중심에서 재구매 중심으로 시장이 바뀌고 있다. 2000년 이전의 한국 사회는 제품의 낮은 보급률로 최초 신규구매를 유도하는 기능과 특성 중심의 전통적인 마케팅이었다. 그러나 모든 제품의 보급율이 높아지면서 2000년 이후의 마케팅은 포화 상태인 시장에서 대체 수요나 중복 수요가 중심이 되고 있다.

따라서 우리 사회 마케팅의 핵심은 재구매로 이행되고 있다. 그러므로 1회적인 거래보다 체험의 만족도를 높여 지속적이고 장기적인 관계를 통해 상표에 대한 고객충성도(loyalty)를 높이는 노력이 매우 중요하다.

많은 사람들이 흔히 마케팅하면 광고나 판매를 떠올린다. 심지어 마케팅이 광고라고 생각하는 사람도 많다. 그러나 고객들은 단순히 기능에 만족하기만 해서, 또는 광고만 좋다고 해서 제품을 장기적으로 구매하지는 않는다. 한두 번 제품 구매를 할 수 있을지는 몰라도 제품 자체의 품질과 제품이 표현하고자 하는 감성, 가격, 사고자 하

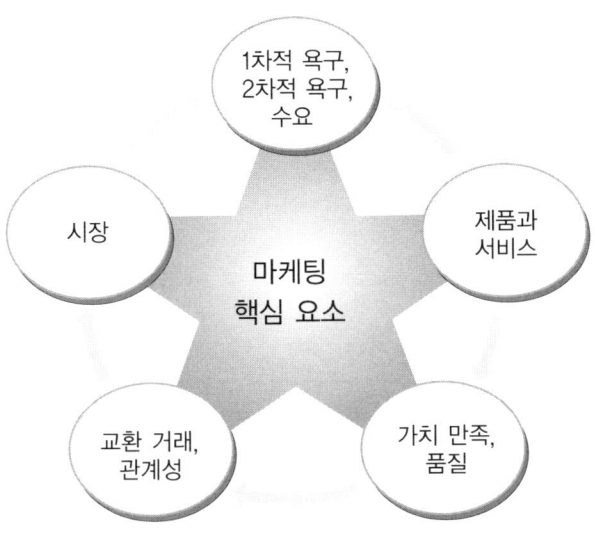

자료 : Philip Kotler, Gary Armstrong(2001), *Principles of marketing*, 9th edition, Prentice Hall.

그림 5 마케팅 핵심요소의 순환

는 상점의 위치 등에서 체험의 가치를 따져본 후에 재구매를 하고 있다. 이른바 체험 마케팅이 재구매의 핵심이다.

체험 마케팅의 성공을 위해서는 우선 고객의 마음을 읽을 수 있어야 한다. 마케팅에 대해 어느 정도 지식이 있는 독자라면 마케팅 믹스, 또는 4P에 대해 알고 있을 것이다. 즉 가격(price), 유통(place), 제품(product), 촉진(promotion)을 적절히 이용하여 고객의 욕구를 이해하고 그 욕구를 풀어주어야 한다는 이론이다.

고객의 마음을 읽으려면 가격적인 측면과 상점의 위치와 유통, 제품의 품질, 광고나 홍보 그리고 인적판매를 포함한 판매를 촉진시키는 활동이 모두 포함되어 있어야 한다. 우리가 레스토랑에 갔을 때 단지 음식에만 관심을 갖는 것이 아니라 인테리어, 서비스, 가격, 레스토랑의 위치, 명성 등을 통합적으로 이해하는데, 이것이 고객의 체험 범위가 된다.

마케팅 믹스가 통합적이며 유기적으로 체험 가치에 영향을 미칠 때 마케팅 효과가 나타나는 것이다. 마케팅의 아버지라고 부르는 필립 코틀러는 마케팅에 대한 이해도를 기준으로 CEO를 다음의 네 종류로 구분했다.[9]

우선 마케팅을 광고와 홍보라고 생각하여 단순히 회사의 한 부서로 이해하는 CEO이다. 그는 이러한 CEO는 마케팅을 회사 성장의 원동력으로 보지 못하는 부류하고 말한다. 두 번째는 마케팅을 네 조각으로 분류하는 사람으로서 이것이 바로 4P 개념이다. 그래서 그는 이러한 CEO를 '4P CEO' 라고 부른다. 한편 세 번째 유형은 4P를 이해하면서도 그들의 타깃 고객(customer 또는 소비자로서 consumer)을 이해하는 '4P + 1C' 형이다. 가장 훌륭한 부류면서 희귀종이라고 표현한 네 번째 유형은 마케팅이 기업 성장의 동력이라 믿는 경영자라고 한다. 네 번째 유형의 경영자는 마케팅이 단순한 판매전략이 아니라 기업 성장을 이끄는 동력이며 미래를 이끈다는 신념을 가지고 있다. 기업 철학의 근본을 마케팅에서 찾고자 하는 것이다.

마케팅이 미래를 이끈다는 것은 무엇을 의미하는가? 마케팅의 정의에서 보는 것처럼 마케팅은 머물러 있는 학문이 아니다. 시장(market)에서 끊임없이 움직인다(ing)는 의미이다. 움직인다는 것은 정체되고 멈추어 있는 것이 아니라 항상 고객의 욕구와 불평에 관심을 가지고 방향성을 유지하고 있으며 변화해 가는 것이다.

고객의 현실 상태(actual state)와 이상 상태(ideal state)의 갭이 커지면 커질수록 긴장을 해소시키기 위해 욕구가 발생된다. 이러한 욕구는 고객이 정확히 알고 진단하는 경우도 있지만 본인조차도 자신의 욕구가 무엇인지 모를 때가 많다.

고객의 진심을 읽어서 그들의 욕구를 불러일으키는 추진력을 마케터는 가지고 있어야 한다. 고객 본인도 잘 모르는 그들의 욕구를 마케터는 알아차려야 하며, 한발 더 나아가 졸도할 만큼 감동을 주어야 한다.

마케팅은 단순한 것이 아니며, 고객의 진심을 알아채는 것 역시 쉬운 일은 아니다. 그러나 뛰어난 CEO는 마케팅의 진정한 의미를 알고 있는 자이며, 고객의 마음을 열려고 노력한다.

때로 기업가 또는 마케터가 '나는 고객의 마음을 안다'고 떠벌리는 경우가 있다. 혹은 고객을 자신의 발 아래 두고 조종할 수 있다고 믿는 건방진 자들도 있다. 우리 주변에 의외로 고객을 무시하는 경영자가 많다. 이들은 잠시 성공을 했는지는 몰라도 결코 장기적인 성공에 이를 수 없다.

고객을 무서워하고 고객의 현명함을 존경해야 한다. 고객은 고객이라는 이름을 달 때부터 존경과 경외의 대상으로 지켜져야 하며 그들의 숨겨진 진심을 읽을 수 있을 때 우리는 진정으로 고객을 우리 편으로 끌어들일 수 있다. 그러면 그들이 고객이 아니라 영업부장이 된다.

별 볼일 없는 회사는 구전을 기업의 판촉비를 들여서 하지만 훌륭한 회사는 만족 이상의 졸도한 고객을 만들고 이들을 영업부장으로 활용하여 판촉비 없이 구전을 이끌어 간다.

마케팅으로 성공하고 싶은가? 그러면 졸도시키는 원칙을 실천하라. '엄마가 자식을 돌보는 마음으로 마케팅을 하자'라고 했으면 이것을 철두철미하게 지켜라. 그러면 마케팅에 성공할 수 있다.

 고객은 **만족**하는 것에 그치지 않는다

세상은 누런 소로 가득 차 있다. 프랑스 농촌을 여행하던 세스 고딘(Seth Godin)[10]이 소떼에 매료되었지만 잠시 후 곧 지루해졌다. 만일 보랏빛 소가 나타난다면 눈이 번쩍 뜨일 것이다. 마케팅은 보랏빛 소처럼 '놀랄 만한(remarkable)' 것이어야 한다. 미국의 부시 대통령과 김정일 위원장이 악수를 한다면 멋있는 장면이 될 것이다. 그러나 멋있는 것만으로는 부족하다. 위대한 것의 적은 좋은 것이다. 부시 대통령과 김정일 위원장이 키스를 한다면 놀랄 만한 것이 될 것이다.

고객에 대한 기업의 태도도 시대에 따라 변화하고 있다. 소극적 마케팅 시대에는 좋은 제품, 좋은 품질이면 고객이 선택할 것이라는 믿음이 통했다. 이 시대에는 품질이 좋으면 알아서 고객이 선택해

줄 것이라는 소극적 사고만으로도 충분히 제품과 서비스의 판매가 가능했다.

대량생산과 공급의 확대는 고객중심 시대로 들어서게 만들었다. 이것은 좋은 제품이 팔리는 것이 아니라 고객이 원하는 제품만 팔린다는 사고이다. 이제 진정으로 고객이 원하는 것은 무엇인가를 적극적으로 고민하게 되는 시대가 되었다. 고객중심 시대에는 고객이 원하는 제품, 그 제품에 대해 만족한 고객만이 시장에 존재한다.

그런데 시장경쟁이 격심해지고 유사한 제품이 많아질수록 '어떻게 하면 고객이 만족할 수 있는가?' 보다 '어느 기업이 더 고객을 만족시킬 수 있는가' 로 마케팅 활동의 초점이 바뀌고 있다. 즉 모든 기업이 고객을 만족시킬 때는 누가 더 감동시키는가 하는 것이고, 모든 기업이 감동시키고 있을 때는 누가 더 졸도시키는가 하는 것이 성공의 열쇠인 것이다.

즉 고객 만족의 시대를 넘어 고객 졸도의 시대로 넘어가고 있다. 이제 고객이 요구하는 수준은 어디까지인가에서 이것에 어떻게 대응해갈 것인가 하는 것이 핵심이 된다. 그 방법론은 오감을 활용한 체험 마케팅(experiential marketing)의 도입이다.

체험 마케팅은 새로운 아이디어와 창조경영을 필요로 한다. 고객의 감성을 자극하는 창의적인 체험 마케팅이야말로 감동 이상의 졸도를 가능케 한다. 사람이 너무 행복하고 감동스러운 상태가 되면 최고의 믿음과 신뢰가 쌓이게 되며, 이것이 사람을 졸도하게 만든다. 고객의 가슴을 뛰게 만드는 성공적 졸도 체험은 그 기업의 마케팅이 또다시 진화하고 있음을 알려주는 중요한 신호가 되고 있다.

때로는 고객을 감동시킨다는 것이 기업의 단기적 수익성을 무시하는 것으로 보이기도 하고, 무의미한 것으로 보이기도 한다. 그러나 당장의 이익이 아닌 미래 고객과의 성공적인 관계 형성과 충성도를 위해서는 단기적 수익을 포기하는 과감한 결단력이 필요하기도 한다. 다음은 그러한 여러 가지 사례를 보여준다.[11]

홈데포(Home Depot)는 여러 가지 주택 수리와 관련된 물품을 판매하는 업체이다. 어느 날 배관수리 공사를 직접 하기를 원하는 고객이 이 점포를 찾아 부품과 소모품을 구매하고 있었다. 그가 구입하려던 물품들은 모두 67달러나 소요되는 것이었다. 그러나 그곳에서 일하던 점원은 그에게 간단하게 스스로 제품을 조립하기만 하면 공사에 전혀 문제가 되지 않을 값싸고 품질 좋은 패키지 제품을 소개했다. 그것은 5.99달러밖에는 소요되지 않았다.

단기적 수익에만 몰두하는 사상이었나면 그 점원을 꾸짖었을 것이다. 그러나 그는 점원을 칭찬했다고 한다. 왜냐하면 그 고객은 앞으로도 신뢰를 갖고 충성스럽게 홈데포 점포를 찾을 것이라 확신하기 때문이다.

또 다른 예는 노드스트롬(Nordstrom) 백화점의 고객감동으로써 역시 일반적인 상식에서 벗어나는 중요한 사례가 되고 있다. 백화점에는 백화점 카드 등을 소지한 충성스런 고객이 많이 있으며, 이들의 고객관리가 매우 중요하다. 이러한 충성 고객 중 한 부인이 물건을 구입하고 물건값을 지불하지 못한 채 세상을 뜨는 일이 벌어졌다. 그녀가 연체한 금액은 1천 달러나 되었다고 한다.

그러나 백화점에서는 그 부인의 장례식에 조화를 보내고 연체 계정을 깨끗이 정리해 주었다고 한다. 이것은 그동안 충성스러웠던 고객에 대한 배려를 죽어서도 지켜준다는 기업 이미지를 낳게 했다. 많은 사람들은 백화점의 결정에 고객으로만이 아니라 진정한 인간으로 대우해 주었다는 감동을 전했으며, 그들도 그 백화점의 충성스런 고객이 되어 그만한 대접을 받고 싶다는 욕구를 가지게 만들었다고 한다.

서비스업이 아닌 제조업에서는 고객과의 관계나 감동을 통한 관리는 필요 없다고 말할지 모른다. 그러나 그것은 어리석은 생각이다. 어떤 산업에 종사하고 있다 하더라도 고객을 감동시키기 위해 서비스와 제품을 최상으로 제공하는 것이야말로 성공의 조건이 될 것이다. 고객의 마음을 읽고 고객의 욕구를 생각하지 않고 만든 제품이 어떻게 고객을 감동시키고 졸도하게 만들 수 있는가?

고객의 지갑을 닫게 하고 고객의 마음을 열게 하라는 이야기는 무엇을 뜻하는가? 이것은 마음을 관리하라는 철학을 우리에게 제시하는 것이다. 작은 마케팅은 지갑을 여는 마케팅이고 큰 마케팅은 마음을 여는 마케팅이다. 작은 장사는 이윤을 남기고 큰 장사는 사람을 남긴다는 옛말도 역시 마케팅 철학을 이야기하고 있다.

고객이 만족하지 않으면 그 제품은 불량품이라는 말이 있다. 아무리 완벽하게 만든 제품이라고 할지라도 고객이 외면하여 팔리지 않는다면 그것은 불량품과 다름이 없다는 말이다. 이것은 다시 말해 고객 욕구를 제대로 파악하려 하지 않고 고객의 눈이 아닌 기업가의 눈으로 세상을 바라보는 오류를 범할 경우, 철학이 없는 마케팅을 하게 되어 결국 고객의 외면을 받는 제품을 생산하게 됨을 경고하는 것이다.

과연 고객 만족의 끝은 어디인가? 그리고 고객이 감동하게 만든다는 것은 얼마나 어렵고 힘든 일인가? 게다가 그 고객을 열광하게 만들고 졸도하게 만들라니! 그것이 얼마나 어렵고 고통스러운 도전이겠는가? 그러나 그 고통에 고객은 답하게 될 것이다.

왜 스타를 보면 팬들이 열광하다 못해 졸도하는 상황에 이르는가? 너무 감격스럽고 행복감을 못 이겨 졸도하는 것이다. 기업이 고객에게 최대한의 감동을 선사하기 위한 철학을 가진다면 이것이야말로 최대의 핵심역량이 될 것이며 고객은 졸도하게 될 것이다.

마케팅 철학 제4법칙 : 졸도시키는 CC

세상에서 가장 어려운 일이 뭔지 아니?

흠… 글쎄요, 돈버는 일? 밥먹는 일?

세상에서 가장 어려운 일은… 사람이 사람의 마음을 얻는 일이란다.

각각의 얼굴만큼 다양한 각양각색의 마음들이 순간에도 수만 가지의 생각이 떠오르는데… 그 바람 같은 마음이 머물게 한다는 건 정말 어려운 거란다.

생텍쥐페리, 〈어린 왕자〉 중에서

05

마케팅 철학 제1법칙
고객가치의 CC

"싼 제품은 과연 가치가 없는가?"

뉴욕 5번가에 점포를 연 미샤의 가치창조

2006년 저자가 뉴욕에 갔을 때 뉴욕에서 가장 번화한 거리 중 하나인 5번가를 걷다가 낯익은 브랜드를 발견했다. 우리나라 화장품 브랜드인 미샤였다. 놀라움과 반가움이 교차했고 매장에 들어 선  순간 국내와 같은 인테리어와 매장 분위기에 또한번 놀랐다.

"화장품 산업의 역사를 다시 쓰게 만드는 혁신적인 회사가 될 것입니다. 컴퓨터 업계의 델(Dell)을 떠올리시면 됩니다. 남들이 화장품을 패션 품목이라고 생각할 때 우리는 생활필수품으로 봤습니다." 에이블 C&C 서영철 사장의 말이다.

화장품은 원가가 비싸기 때문이 아니라 이미지를 파는 문화상품이자 생활필수품의 성격을 지녔기 때문에 고가인 경우가 대부분이다. 전문가들은 일반적인 화장품의 경우 주 원료비는 소비자 가격의 5~10퍼센트 가량에 그친다고 말한다. 미샤는 싼 게 비지떡이라는 일반인의 상식을 뛰어넘어 성공했다.

국내에 유통되는 화장품들의 대부분이 외국의 고가 명품 브랜드와 국내의 대기업이 주류였던 2000년, 에이블 C&C를 설립하고 화장품 브랜드 '미샤'를 출시하였다.

그의 성공은 시장의 변화, 즉 인터넷 시장의 확산을 남보다 빨리 눈치

챘다는 것이며, 둘째는 고정관념의 탈피였다.

미샤를 처음 접한 고객들은 "3,300원 짜리가 별거 있겠어?", "싼 게 비지떡이겠지", "정말 써도 괜찮을까?"와 같은 반응을 보였다. 미샤는 모든 사업구조를 쓸데없는 경비를 줄이는데 초점을 맞추었으며, 제품 생산의 80퍼센트를 16개 외부 공장에 맡기는 아웃소싱 형태를 취했다.

온라인에서 오프라인으로 유통라인을 확장할 때도 그는 과감히 일반 화장품 시장의 유통, 즉 방문판매, 백화점 판매로 인한 화장품 가격 거품을 과감히 제거해 화장품업계 최초로 단일 브랜드 매장을 오픈했고, 온라인으로 주문, 선입금 등 대리점 관리 및 영업현황 정보를 통합 관리함으로써 대리점 관리비용을 최소화하였다.

미샤는 인터넷을 통한 초저가 판매 전략을 세우고 화장품 용기와 포장비용, 그리고 유통비용을 절감시켜 판매가격을 대폭 낮추었으며 고가의 명품 화장품만 판매되던 화장품 시장에서 비즈니스 모델 혁신을 이루었으며, 싼 게 비지떡이 아니라는 발상의 전환을 통해 마케팅 전략을 실행함으로써 성공한 것이다.

 ## 고객의 **기대**와 **가치**와의 관계

우리는 흔히 '싼 게 비지떡이다', '값싼 제품은 가치가 없다'라고 생각하기 쉽다. 그러나 실은 우리에게 가치가 있느냐 없느냐를 평가하는 기준은 가격이 아닌 가격 대비 효용이다. 값이 싼 제품은 효용이 크지 않아도 만족스러워 가치가 높게 평가될 수 있으며, 값이 비싼 제품은 그만큼 효용이 커야만 높은 가치로 평가될 수 있다.

그러므로 무조건 값이 싼 제품은 가치가 없다는 생각은 버려야 한다. 고객이 기대하는 제품과 서비스를 제공할 때 비로소 제품의 가치에 대한 성과가 나타나고 회사의 발전으로 이어질 것이다.

그렇다면 가치를 높이기 위해 기업은 어떠한 노력을 해야 하는가?

그것은 사실 단순한 일이다. 가격을 낮추거나 혜익 또는 혜택을 높이면 되기 때문이다. 그러나 이렇게 단순한 것같지만 쉬운 일은 아니라는 결론이 나온다. 혜익이 같은 상황에서 가격을 경쟁업체보다 낮추기 위해서는 기업은 품질의 변화를 주지 않으면서도 원가를 절감시키는 노력을 해야 한다.

원가 절감은 마이클 포터가 언급한 본원적 전략 중에서도 매우 중요한 전략임에는 틀림없으나 원가 절감을 위해서는 비용을 감소시키기 위한 통합적 기업 운영이 필요하기 때문이다. 이는 부품업체나 공급업체와의 관계성을 통해 공급사슬관리를 이룩해야 하며 규모의 경제성을 달성해야만 가능하다.

반대로 혜익을 높이는 것은 어떠한가? 혜익에는 눈에 보이는 혜익과 보이지 않는 혜익이 동시에 작용해야 한다. 사람들이 명품에 열광하는 것은 명품이 품질만 우수해서가 아니다. 눈에 보이거나 평가되지 않지만 명품을 착용함으로써 나의 위치를 상승시키고 존경과 사회성을 동시에 평가받을 수 있기 때문에 명품을 사고 싶어하는 것이다.

가치는 이렇게 가격을 낮추면서, 또는 혜익을 높이면서 나타난다. 이때 철학이 중요하게 작용해야 한다. 가격이 낮은 제품을 판매하는 나는 장사꾼인가 기업가인가?

일본에서는 1백 엔 숍이 성업중에 있고 우리나라도 1천 원 숍이 인기를 끌고 있으며, 최근에는 전자제품도 이러한 추세에 맞추어 대

기업들이 경쟁적으로 초저가 노트북을 출시하고 있다. 예전의 제품보다 더 높은 사양이면서 성능도 개선된 '싸고 맛 좋은 비지떡' 제품들이다. 제품이나 서비스를 가격 경쟁력으로 승부하고 싶은가? 그렇다면 가격만 낮추려는 마케팅 방법에 연연하지 말고 고객이 중요하게 여기는 가치의 포인트인 혜택에 눈을 돌려라.

어떻게 하면 값이 싼 제품을 팔 수 있을까? 대답은 간단하다. 바로 고객이 원하는 제품을 고객의 기대수준에 맞추어 제품을 만들면 된다. 가격, 품질, 디자인, 트랜드 등 소비자들이 제품에서 느낄 수 있는 구매 욕구가 있을 때 제품은 팔리게 된다. 싸다는 것은 일반인들에게는 제품의 품질을 의심하게 만드는 요인이 된다. 그러므로 이때 중요한 것은 싸다는 것을 전면에 내세우지 말라는 것이다. 마케팅 전략은 일반인이 생각하는 상식을 벗어날 때 성공하기도 한다.

이와는 반대로 기업이 고급 제품을 마케팅하고자 할 때 부자들이 원하는 것은 과연 무엇일까에 관심을 가질 필요가 있다. 예를 들어 고급 승용차의 마케팅 전략을 세워보기로 하자. 고급스러움으로 포지셔닝하고 싶지만 이미 경쟁업체가 그 자리를 차지하고 있다면, 당신은 어떤 포지셔닝을 할 것인가?

상대업체와 같은 수준의 고급스러움을 내세울 수는 있겠지만 선도기업이 아니므로 아마 차별화에 실패할 것이다. 그렇다면 가격은 어떨까? 고급차이면서 가격은 상대적으로 낮은 전략을 세운다면 성공할 수 있을까? 성공하기 어려울 것이라는 것이 대답이다.

고급차의 표적시장이 누구인가? 그들은 부자이거나 혹은 적어도 부자로 보이고 싶어하는 사람일 것이다. 그들에게 가격은 중요한 요인이 될 수 없다. 어쩌면 상대적으로 가격이 낮다는 이유만으로 외면을 받을 것이다. "당신은 오피니언 리더이다", "당신은 시대를 앞서 간다", "당신은 대우받는 소수이다", "당신은 자아성취의 아름다움을 알고 사는 사람이다" 이런 광고 카피에서 표현되는 눈에 보이지 않는 혜익이 당신에게 떠오르는가? 귀족 마케팅에 성공할 수 있다.

이처럼 가치 철학 아래 값싼 제품으로 가치를 전달하려는 쪽과 최고가의 고급화 전략으로 가치를 전달하려는 쪽이 양극화를 이루면서 롱테일 법칙이 성공하고 있다. 이에 많은 기업들은 예상을 뒤집는 새로운 마케팅 전략으로 이러한 롱테일 법칙의 성공을 현실화하고 있다.

다음은 이러한 성공기업 사례를 통해 가치의 재발견 또는 가치를 전달하여 고객에게 이름을 남기는 것이 마케팅에서 얼마나 중요한 것인지 생각해 보기로 한다.

 ## 롱테일 법칙으로 성공한 기업

우리나라 화장품 업계의 판도를 뒤집은 미샤나 더 페이스 샵 등은 싼 게 비지떡이라는 이론에 반박한다. 화장품은 고가이고 외제일수록 좋다는 선입견을 과감히 깨버린 것이다. 만약 이 회사들이 '우리 제품은 싸다'라는 것을 부각시켜 마케팅했다면 지금처럼 성공하지 못했을 수도 있다.

왜 지오다노는 전지현과 정우성이라는 톱스타를 광고에 내세웠는가? 왜 지오다노는 백화점에 입점했는가? 이 모든 것이 싼 제품이지만 고급 마케팅 전략을 세운 결과 성공한 것이다. 이들 제품은 모두 업계 쪽에서는 중저가 상표이다. 그렇지만 그들의 마케팅 전략은 고급스러움을 강조했다. 광고를 하는데 있어서도 전지현(지오다노), 권상우(더 페이스 샵), 보아(미샤)라는 당대 최고의 톱스타를 기용했다.

점포의 위치도 매우 비싸고 유동인구가 밀집된 지역 또는 백화점에 입주했으며, 점포 이미지와 인테리어는 깨끗하고 고급스러움을 추구했다. 이것이 시사하는 바는 매우 크다. 고객의 머릿속에 이런 제품은 저가 제품에 늘 따라다니는 '싸구려', '비지떡', '저질품' 등의 이미지가 아닌 '새로운', '합리적인' 심지어는 '거품을 뺀', '정직한' 등의 단어를 떠올리게 만들었기 때문이다. 그리고 여기에는 시장을 철저히 조사하고 역으로 이용한 마케팅 전략이 돋보인다.

물론 이쯤에서 여러분들은 이렇게 반박하고 싶을지도 모른다. "아무리 고급화 전략을 내세워봤자 더 페이스 샵의 로션이 어떻게 SK-Ⅱ나 시실리와 품질이 비슷해!" 라고 말이다. 아직도 고객가치 마케팅을 이해하지 못하는 것이다. 가치가 가격 대비 혜택이기 때문에 고객이 느끼는 가치는 가격 대비 돌아오는 만족에 있는 것이다.

이런 반박도 예상된다. "뭐야, 과거에나 미샤나 지오다노지. 지금은 반짝했다가 시들어버린 브랜드에 불과해!" 라고 말이다. 저자는 이렇게 말하고 싶다. 새로운 것을 추구하는 이노베이터와 합리성을 중요시하는 주류시장이 저가 전략에 관심을 가져서 유행처럼 인기를 끌었던 브랜드들이 기업진화를 통한 변화의 물결을 타지 못해 도태된 것 뿐이라고 말이다. 이것은 곧 진화와 차별화의 철학에서 실패하여 한때 성공을 달렸던 기업이 장기적으로는 시장에서 힘을 잃은 것이다

이와 반대로 명품 마케팅, 귀족 마케팅을 언급하는데 있어서도 가

치 개념을 꼭 염두에 둘 필요가 있다. 고객이 높은 값을 지불하면서도 고가 제품을 구매하는 이유가 무엇인가? 2백만 원짜리 명품 가방을 사는 사람은 진정으로 2만 원짜리 시장 가방보다 명품 가방이 1백 배 정도의 품질 차이가 있다고 믿기 때문에 구매하는 것일까? 분명 아닐 것이다.

그들이 1백 배의 가격을 지불하는 이유는 사는 가격과 대비된 혜익이 높기 때문인데, 이때의 혜익은 눈에 보이는 것보다는 보이지 않는 혜익이 더 크다. 보이지 않는 철학이 고객 가치를 이끌어 줄 수 있다는 말이다. 귀족 마케팅은 말처럼 달콤하지 않다. 이들은 이 세상에서 정복하기 가장 어렵고 까다로운 짝사랑의 대상과도 같다.

사랑을 주고 싶어도 받으려는 자세를 갖추고 있지 않다. 부정적이고 경계하는 눈빛을 가지고 있으며, 까다롭고 예민한 부자집 아가씨와 같다. 그래서 그들의 세계를 완벽하게 이해하지 못하고 섣부르게 다가섰다가는 큰코다치기 십상이다.

요즘 국내에서는 와인이 한참 붐이다. 과거 상류층이나 유학을 다녀온 사람들만 즐기던 와인은 이제 평범한 회사원, 대학생조차도 쉽게 다가갈 수 있을 만큼 시장이 확장되었으며, 와인에 대한 관심도 매우 크다.

한 일화가 있다. 인테리어가 매우 고급스럽고 주인과 종업원도 친절했으며 와인 리스트, 음식, 조명, 음악 모든 것이 훌륭한 와인바에서 와인 동호회 모임이 있었다. 새로운 와인바를 경험하면서 모임을 갖고 즐거움을 찾는 이들에게 있어서 이 와인바의 첫인상은 대단히 만족스러웠다.

하지만 그들은 단 한 가지 이유로 인해 그곳에 다시는 가지 않기로 결정했다. 그 이유는 바로 와인잔이었다. 훌륭한 리스트를 보유한 이 집에서 맘에 드는 부르고뉴 와인을 발견하고 주문했는데 종업원이 보르도 잔을 내왔으며, 불행하게도 잔의 크기마저 달랐다. 별일 아닌 것으로 여길 수도 있으나 냉정한 와인 동호회원들은 고개를 내저었다.

아무리 막대한 자금을 들여 인테리어와 외관을 치장했다 하더라도 고급화된 고객의 수준을 맞추는 서비스와 교육이 이루어지지 않는다면 그것은 외면받기 쉽다. 이것이 고급화 전략이 어려운 이유이다. 아주 섬세하게 접근해야 하며, 최상의 것을 유지해야 하는 것, 특히 보이지 않는 가치를 미리 눈치채고 서비스하는 것, 그것이 바로 귀족 마케팅의 성공열쇠이다.

이에 반해 저기 전략은 고객 기대가 처음부터 낮은 것에서 출발한다. "어차피 별 기대 없어, 싸니까 그냥 한번 가보는 거야"라고 생각하고 저가 와인바에 들어선다. 그런데 생각했던 것보다 좋은 와인 리스트나 좋은 분위기를 발견했다면, 그것만으로도 고객에게는 매력적인 가치가 발생할 수 있다.

그러므로 저가 전략의 키워드는 가격만으로 승부해서는 안된다는 것이다. '최저가'의 매력은 경쟁자가 나타날 경우, 다시 최저가를 유지하려는 제살깍기가 시작되며, 이것은 결국 무거운 짐으로 다가올 것이다. 저가 속에서도 한두 개의 최상의 것을 생각해야 한다. 고객은 그것만으로도 놀라고 행복해 할 것이다.

이 한두 개의 최상이 경쟁사가 따라오지 못하는 것이라면 더욱 가치가 있다. 경쟁사가 눈치채기는 어려우나 고객은 만족해 하는 우리만이 지니고 있는 독특한 것, 그것이 바로 비지떡은 맛있다는 철학을 제대로 해석한 것이다.

이미지의 전환은 말처럼 쉽지 않다. 오랫동안 고객의 마음속에 선입견처럼 들러붙어 버린 형상이기 때문이다. 그렇기 때문에 기업은 처음 고객을 만날 때 제품에 대한 이미지를 잘 형성해야 한다. 고객의 마음속에 우리 제품이 경쟁사의 제품과는 다른 이미지를 만들어 주고(포지셔닝), 이것을 지속적으로 유지하고 관리하며 변화시켜야만 급변하는 이 세계에서 살아남을 수 있는 것이다.

마케팅 철학 제5법칙 : 고객가치의 CC

"우리는 0℃를 물이 '어는 점'이라고 한다. 그러나 남극에서는 얼음이 '녹는 점'을 0℃라고 한다. 고객과 같이 생각하지 않으면 성공할 수 없다"

스테판 쉬프만, 〈CEO처럼 생각하며 팔아라〉 중에서

06
마케팅 철학 제6법칙
차별화의 CC

"누구나 다 할 수 있는 일은
필요없다!"

평범함을 독특함으로 - 앱솔루트 보드카

우리나라의 '서민형 국민술' 하면 소주가 떠오른다. 데킬라는 멕시코의 국민술이다. 이런 위치에 있는 러시아의 국민술이 바로 보드카이다. 대단할 것도 없고 평범한 보드카가 성공할 수 있었던 이유는 무엇일까?

앱솔루트 보드카(Absolute Vodka)는 1980년대부터 다양한 상품구성을 통해 소비자의 입맛을 사로잡기 시작했다. 레몬, 오렌지, 바닐라, 자몽, 배 맛 등을 선보이면서 다양한 고객의 욕구에 다가간 것이다. 그러나 그것보다도 이들의 성공을 이야기하면서, 제일 먼저 회자되는 것이 바로 광고와 병모양이다.

독특한 광고의 발상과 광고 속 어딘가에 꼭 등장하는 투명한 병의 깨끗함까지 세계 주류시장에서 앱솔루트 보드카는 매력적인 업체로써 성장을 했다. 뿐만 아니라 고급 미술 전시회 등에 스폰서를 함으로써 저가의 서민술에서 상류 노블레스들이 즐겨 마시는 고급술로 탈바꿈을 하게 된 것이다.

러시아에서는 저가이며 특별할 것도 없는 보드카를 세상에 내놓았을 때, 그들은 고급 전략을 과감하게 시도했다.

이러한 고급 전략의 앞에 광고와 스폰서가 역할을 한 것이다. 보드카가 러시아의 서민술이라는 생각이 박힌 미국인들에게 제품을 그대로 보여주면서 소비자에게 친밀감을 형성했고, 20여 년 동안 일관되고 뚜렷한 브랜드 이미지를 쌓았던 것이다.

창의적인 발상과 고급스러움을 유지했던 앱솔루트 보드카는 이렇게 차별점이 없었던 평범한 서민술에서 상류층의 사랑을 받는 고급술로 전환된 것이다.

 **차별화**의 진정한 정의

현대에서 흔히 듣는 마케팅 전략 중에 하나는 차별화 전략이다. 가는 곳마다 보는 것마다 차별화, 차별화를 외치고 있다. 경쟁적 시장 환경에서 각 기업은 서로의 제품이나 서비스를 더 나은 조건으로 제공하기 위해 여러 방법으로 차별화 전략을 사용하고 있는 듯하다. 그러나 차별화의 진정한 의미에 대해서는 모르는 사람들이 많은 것 같다.

차별화란 한 산업에서 경쟁자들이 서로 자신들을 다르게 보임으로써 경쟁적 우위를 갖는 것이다. 이 전략을 추구하는 기업은 고객이 인정하는 차원에서 차별성을 추구하게 되고 따라서 기업은 고객이 중요하다고 여기는 속성을 선택해서 그 요구를 맞추어 스스로를 특화하여 차별화시키게 된다. 차별화 전략은 제품이나 서비스를 다르게 보임으로써 활동하는 산업 전체에서 타사의 제품이나 서비스와 구별되는 독특한 것으로 인식시키는 전략이다.

차별화된 제품을 생산하기 위해 기업은 고객이 진정으로 원하는 가치가 무엇인지 살펴야 하며, 고객의 진심을 꿰뚫어 보아야 한다. 고객이 원하지 않음에도 불구하고 경쟁사와는 다른 제품을 생산했다고 해서 차별화되었다고 말할 수는 없기 때문이다. 그러므로 차별화 전략을 이야기하는데 있어서 가장 중요한 점은 단순히 다르게 보였는가가 아니라 고객이 원하는 욕구에 맞추어 다르게 보임으로써 경쟁적 우위를 가졌는가의 물음이다.

새로운 독창성을 추구하여 다른 기업과 차별화를 이루는 제품이나 서비스를 생산하고 이를 고객에게 가치 있음으로 인식시키는 전략이 바로 차별화 전략인 것이다.

마이클 포터(1985)의 세 가지 본원적 전략[12]에서도 차별화의 중요성에 대해서 이미 언급한 바 있다. 그에 의하면, 차별화(differentiation)는 고객에게 무엇인가 다른 느낌을 갖도록 제품이나 서비스를 제공하는 것이며, 기업이 다른 기업의 제품이나 서비스와는 뚜렷이 구별되는 차별화된 제품이나 서비스를 성취시키면 평균 이상의 수익을 올릴 수 있게 된다고 주장했다.

그 이유는 많은 기업이 겪고 있는 가격 경쟁력의 어려움, 즉 고객이 가격에 대해 적정하다고 여기는 수준은 비슷한 원가, 비슷한 노동력 등에 의해 항상 경쟁업체에 위협을 받고 가격 경쟁에 민감해지기 때문이다.

차별화 전략이 성공하게 되면, 이러한 가격 경쟁에 의한 문제에 예민하게 반응할 필요가 없기 때문이다. 이미 고객의 머릿속에는 가격 경쟁을 하는 다른 회사의 제품과 차별화 전략에 의한 제품이 같은 위치에 존재하지 않음으로써 가격 차이를 인정하게 만들기 때문이다.

차별화를 위한 시도는 많은 비용을 수반하게 만든다. 그러나 고객이 원하는 가치를 제품에 더해주는 차별화 전략을 세운다면, 그것을 위해 소요된 추가적 비용은 더 높은 프리미엄으로써의 가치를 갖게 되고 가격 주도권을 갖게 된다.

다시 말해 기업이 창출한 차별성을 고객이 무가치한 것으로 받아들인다면 기업은 성공적 차별화를 이룰 수 없다. 따라서 기업은 고객을 위한 새로운 가치를 창출하고 더 나아가 자사 제품의 가격 프리미엄을 정당화시킬 수 있도록 해야 한다.

어떤 사람은 차별화를 이야기할 때 이렇게 묻곤 한다. "제품이 다 거기서 거기지 뭐 특별한 게 있나?", "다 똑같은데 다르다고 하는 것부터가 사기 아닌가?" 역시 다르다는 개념을 보이는 것으로만 이해한 사람들이다. 고객이 똑같은 제품을 보고도 다른 것으로 이해하는 것, 다른 제품을 보고도 같은 것으로 이해하는 것, 거기에 차별화의 키워드가 있는 것이다.

우리는 앞에서 고객의 욕구를 더 많이 충족시켜 줄수록 고객의 혜익이 이에 비례하여 증진된다는 것을 배웠다. 그리고 이것이 바로 가치로써 이해된다는 것 역시 알았다. 때로는 기업이 고객에게 제공하고자 하는 가치가 무엇인지 고객이 알 수 없다든지, 고객이 요구하는 그 가치를 기업이 미리 알아채기 힘들 수도 있다. 성공하는 기업은 이 두 가지를 모두 놓치지 않는다. 따라서 기업은 차별화된 제품이나 서비스를 실질적으로 제공받을 고객이 누구이며, 그 특성이 어떠한가를 알아내는 것도 매우 중요하다.

차별화는 사용가치 기준이나 심리적 가치기준 중 한쪽에 의한 결과로 나타나기도 하고 혹은 두 기준 모두 고려되어 완성된다. 고객이 차별화 제품이나 서비스에서 추가되는 비용보다 더 나은 사용 가치를 얻었거나 심리적 가치 기준을 만족하였다면, 기업은 차별화를 통해 성과를 얻은 것이다.

그러나 많은 고객은 기업의 여러 활동에서 복합적인 영향을 받는다. 따라서 차별화의 원천이 고객에게 계속 가치 있는 것으로 남아있으면서 동시에 경쟁자들에게 모방되지 않아야만 장기간 경쟁우위를 지속할 수 있다.

마이클 포터는 이러한 차별화 전략의 방법을 4가지로 분류하였다.

첫째, 차별화 원천의 강화이다. 기업이 차별화를 제공하는 원천을 강화하기 위해서는 고객 가치를 증진시킬 수 있는 모든 기업의 가치 활동을 점검하고, 기업이 제공한 제품이나 서비스를 실제 의도한 바와 같이 사용되도록 정보를 제공하며, 고객의 심리적 가치 기준에 영향을 주기 위해서는 기업 활동에 일관성을 지녀야 한다. 또한 차별화된 제품과 밀접하게 연결된 정보를 이용하여 심리적 가치 기준을 촉진시킴으로써 구매자에게 다양한 가치를 증진시키도록 한다.

둘째, 차별화 원가의 경쟁우위로 전환이다. 비용이 많이 들지 않는 차별화 원천을 개발하여 가치 활동이 적은 투자비용만으로 차별화 기능을 수행하는 것이다. 예를 들면 차별화된 제품에서 새로운 기능을 추가하는 것보다는 기존의 기능들을 통합하여 공정상의 원가를 절감시키는 것도 한 방법이다. 또한 제품의 공정에서 불량률을 줄이는 것이 서비스 비용을 줄일 수 있다.

셋째, 차별화 유발요인의 변경이다. 이것은 기업의 차별성을 더 가치 있게 만들기 위해 의사결정자를 변경하여 봄으로써 차별화 추구에 관심 있는 의사결정자 역할을 강화하고, 구매자들이나 혹은 경쟁기업들이 인지하지 못했던 구매기준을 발견하면 이를 통해 새로운 차별화 기준을 설정하여 시장을 개척한다는 이론이다.

넷째, 가치사슬의 완전한 재배열을 통한 차별화 유지로써 기업이 전혀 새로운 가치사슬을 만들어내거나, 구매자를 가치사슬과 연계시켜 구매기준을 보다 잘 충족시켜 줄 수 있도록 자신의 가치 활동을 재배열함으로써 새로운 차별화의 방법을 발견할 수 있다는 것이다. 예를 들어, 새로운 유통경로나 판매 접근법으로 가치사슬을 재배열하거나, 새로운 공정기술을 채택하는 등의 방법이다.

또한 마이클 포터는 차별화의 위험을 다음과 같이 지적하고 있다.

경쟁자의 모방이나 고객에게 차별화가 중요하지 않도록 만드는 요인들이 많을수록 차별화가 지속되지 못한다. 또한 원가 상 유사성이 소멸될 경우나 차별적 집중화 기업이 더 큰 차별화를 성취할 경우에도 차별화의 위험이 따르게 된다. 이런 경우 차별화는 더 이상 차별화의 경쟁우위를 지니지 못한다.

따라서 차별화된 제품이나 서비스를 제공하기 위한 노력도 중요하지만 그만큼 차별화된 제품이나 서비스의 수준을 경쟁업체와 동일한 간격으로 유지하도록 노력하는 것도 기업이 중요하게 해야 할 일이라고 언급했다.

 **튀어서** 성공한 기업

　　　　　　차별화의 예로서 현대자동차의 싼타페의 경우를 살펴보자. 싼타페는 도심형의 일반 세단의 형태도 아니고, 레저용 오프로드의 4륜구동 RV[13]도 아닌 크로스 오버형 SUV[14]로 성공했다. 주 5일제 근무로 인한 야외 활동의 증가로 온로드 성능과 오프로드 성능이 모두 필요했던 고객의 욕구를 읽었기 때문이다.

　이로 인해 외관은 RV 형태를 유지하나 세단의 주행감과 안락함을 추가했고, 디자인의 고급화를 지향해 외양과 이미지에서 가치를 창출했는데, 고객은 이를 차별화로 이해한 것이다.

　또 다른 사례는 모두가 잘 알고 있는 싸이월드의 성공이다. 남들은 모두 회원 확보에만 열을 올리고 수익성 원천을 배너광고 등에 집중시킬 때, 싸이월드는 나를 대변하는 미니미와 개성을 표현하는 미니룸 형식을 도입하였고, 쉽게 만드는 즐거움까지 담아 미니홈피를 제공했다. 공짜가 아니면 자신의 아바타까지 버리고 스위칭 코스트[15](전환비용)의 피해까지도 감수하며 무조건 도망갔던 유저들이 스스로 지갑을 열고 도토리를 사들인 것이다. 결국 고객들은 자신들의 욕구를 읽어준 싸이월드에게 손을 들어 주었다.

반대로 프리챌의 경우, 그들이 만들어 놓은 커뮤니티, 메일, 아바타 등으로 인한 스위칭 코스트가 높을 것으로 예상하고 유료회원으로 전환했다가 대다수 유저들이 대거 탈퇴를 했고 결국 회원을 잃어 시장에서 밀려나게 되었다.

프리챌은 그들이 쌓아 놓았던 정보와 관계성으로 인해 스위칭 코스트가 크게 발생했기 때문에 유저들이 쉽게 떠나지 못할 것으로 예상했지만, 비슷한 서비스를 제공하는 많은 업체들로 쉽게 이동했다. 예상보다 스위칭 코스트가 적었던 것이다. 이에 비해 파도타기와 아이템, 미니홈피를 가지고 있던 싸이월드나 SK텔레콤 등은 높은 스위칭 코스트로 성공한 에이다.

'튀어야 산다.' 급변하는 이 세계에서, 또 하루에도 수만 개의 신제품이 나타나는 이 시장에서 살아남는 방법은 튀는 것이다. 버진그룹의 리처드 브랜슨 회장은 개업식 날 밧줄을 타고 뉴욕의 타임스퀘어, 파리 버진스토어 빌딩을 내려오는 이벤트를 벌였다. 남들은 모두 괴상하고 이해가 안 된다는 반응을 보였지만, 많은 젊은이들에게 버진은 특이하고 재미있으며 젊은 브랜드로 기억되었다. 버진의 주고객층이 음악을 좋아하는 젊은 층이 아니었다면 이 전략은 전략이 아닌 단순한 헤프닝에 지나지 않았을 것이다.

또한 남들이 모두 1등, 최고만을 외칠 때, 스스로가 2등을 자처하고 나선 허츠(Hertz)나, 1등이 아니면 어떠냐고 외치는 진라면, 현대 M카드의 겸손한 광고 등은 결국 튀어서 성공한 브랜드라고 할 수 있다.

지금 세계는 차별화의 포지셔닝에 혈안이 되어 있다. 누가 고객의 마음에 오래 남을 좋은 자리를 차지하느냐의 싸움을 벌이고 있는 것이다. 볼보는 '튼튼한 차', 벤츠는 '고급스럽고 중후한 차'라는 자리는 쉽게 다른 경쟁업체에게 넘겨주지 않는다. 이에 BMW는 '이 시대 최고의 승용차'라는 컨셉을 이용하여 고객의 마음을 파고들고 있으며, 포드는 '도로를 잘 달릴 수 있는 승용차'의 개념을 도입해 새로운 돌파구를 찾고 있다.

국내 기업인 기아는 현대차와 비교되는 새로운 컨셉으로 재포지셔닝을 시도하고 있는데, 그것이 바로 '놀랄 만한 파워(The Power to Surprise)'라는 포지셔닝이다. 이것을 통해 강인하고 파워 넘치는 남성적 차라는 이미지를 고객에게 심어주고 있다.

마이크로소프트는 '집집마다 책상마다 컴퓨터를 한 대씩'이라는 슬로건으로 꿈을 현실화시켰고, 스킨푸드는 '먹지마세요, 피부에 양보하세요'라는 문구를 이용해 고객의 마음에 포지셔닝되었다.

차별화는 고객에게 더 많은 가치를 줄 수 있도록 실제로 기업의 시장 제공물을 경쟁사와 차이가 나도록 하는 것이다. 뒤에서 성공한 기업이라는 것을 확인했는가? 애플사의 21세기 기업경영 철학은 'Think Different'이다. 정말로 다르다는 것은 말처럼 쉽지 않다. 나는 다른가? 정말로 다른가? 성공으로 가기 위한 험난한 길에서 우리가 진심으로 생각해 봐야 할 마케팅의 철학적 사상이다.

마케팅 철학 제6법칙 : 차별화의 CC

가끔 나는 '사업철학'을 정의해 보라는 요청을 받지만, 대개는 거절한다. 마치 요리법처럼 다른 사람에게 가르쳐줄 수 있는 것이 아니기 때문이다. 성공을 보장할 수 있는 방법이나 기술 같은 것은 없다. 일정한 규칙을 지키면 사업이 유지될 수 있다.

성공은 그렇게 간단히 이루어지지 않는다. 직접 현장에 나서야 하고, 실제로 땅을 밟고 뛰어야 한다. 주위에 도와주는 훌륭한 사람들이 있으면 좀더 행운을 얻을 수 있는 기회가 커지고 성공할 가능성도 높아진다. 그러나 단순히 다른 사람의 공식을 따라가기만 한다고 해서 성공이 보장되는 것은 아니다

리처드 브랜슨(버진 그룹 회장),
〈나는 늘 새로운 것에 도전한다〉 중에서

07

마케팅 철학 제7법칙
브랜드의 CC

"브랜드만 이야기하는 것은
경솔하다!"

삼성 애니콜의 브랜드 전략

영국 파이낸셜타임즈(FT)는 휴대전화가 TV보다 더 중요한 매체로 자리잡을 것이라고 보도한 바 있다. 그리고 얼마 되지 않아 우리는 휴대전화의 다양한 컨텐츠에 놀라고 있다.

이제 전화란 단순히 통화만을 위해 존재한다고 말할 수 없다. 휴대전화는 통화의 기능뿐만 아니라 카메라, 라디오, 녹음기, TV, 오락기, 인터넷의 기능을 모두 수행하고 있으며 앞으로 또 어떤 기능이 추가될지 아무도 모른다. 이러한 휴대전화는 IT강국으로 만들어주는 기반이 될 것이며, 그 정점에 애니콜(Anycall)이 있다.

애니콜은 1993년 3월 'SH-700'으로 런칭하며 언제 어디서(any)나 통화(call)가 가능하다는 뜻의 애니콜(Anycall)로 브랜드 네이밍하였다. 당시 시장점유율 1위(70퍼센트)는 모토로라였으며 압도적으로 우세하였다. 이에 한국 지형에 강하다는 공격적 마케팅 전략을 세워 통화품질로 승부한 삼성 애니콜은 1995년 700퍼센트의 급신장을 기록하며 8월에는 시장점유율 52퍼센트로 모토로라를 앞섰다.

그러나 대한민국 대표 브랜드라는 자부심과 판매량의 폭발적인 증가에 다른 경쟁사의 무서운 추격이 시작되었다. 세련된 디자인 등 영타

겟들의 니즈를 파고든 경쟁 브랜드들의 활동으로 이미지의 노후화가 진행되고 있던 애니콜은 브랜드 아이덴티티 리뉴얼을 단행하는데, 이것은 통화기능 중심 브랜드에서 N세대의 첨단 디지털, 감각 중심의 브랜드로의 이미지 전환을 꾀한 것이다.

이것은 'Digital Exciting Anycall'이라는 슬로건에서도 알 수 있듯이 디지털 컨버전스 시대의 개막을 알리게 되었다. 즉, MP3 기능과 카메라, 멀티미디어 서비스, 인터넷, 모바일뱅킹, 지불수단, 교통카드, 텔레메틱스 등을 결합시킨 새로운 개념의 제품 전환을 가져온 것이다.

이러한 애니콜의 품질과 성능, 다양한 기능성, 디자인의 세련미 등이 애니콜을 전 세계에서 가장 우수하고 갖고 싶어 하는 핸드폰으로 만들었다.

현재 애니콜은 국내뿐만 아니라 전 세계에서도 막강한 브랜드 파워를 가지고 있다. 유럽에서는 Best Buy 상품으로 선정되었으며, 휴대폰 자체 성능 평가에서 최우수 제품으로 맹위를 떨치고 있다.

중국을 포함한 아시아에서 애니콜은 가장 우수한 제품으로 인정받고 있는데, 중국에서는 휴대전화가 부와 사회적 지위를 나타내는 상징으로 중산층들은 독특한 디자인과 높은 브랜드 가치를 지닌 애니콜을 통해 자신을 드러내려 한다.

앞으로 삼성 애니콜은 기존의 기술 강점을 더욱 강화해야 하며 끊임없는 디자인 혁신과 다기능, 고성능 제품으로 고품격 이미지를 유지해야 한다. 또한 경쟁사보다 먼저 혁신적 제품을 출시해야 한다. 그리고 문화권 특성에 맞는 차별화된 제품 전략으로 브랜드 파워를 지속시켜야 한다.

 # **브랜드**란 무엇인가?

주부들에게 어떤 냉장고를 사면 좋을까라는 질문을 한다면 많은 주부들이 지펠 혹은 디오스라고 대답한다. 그리고 대학생들에게 어떤 MP3를 사면 좋을까라는 질문을 한다면, 아이리버 혹은 아이팟 등의 대답을 들을 수 있다. 사람들은 지펠이나 아이리버 같은 브랜드를 기억하기도 하고, 삼성이나 레인콤 같은 제조회사를 기억하기도 한다.

하지만 요즘 소비자들은 대부분 브랜드를 기억하고 브랜드로 커뮤니케이션 하는 것이 일반적이다. 이것은 기업들이 브랜드 중심의 마케팅 전략에 높은 관심을 가지게 되면서, 브랜드 차별화를 통해 경쟁우위 확보를 위해 노력하고, 커뮤니케이션 또한 브랜드 중심으로 이루어지기 때문이다.

그렇다면 대체 브랜드란 무엇일까? 브랜드 파워가 높다는 것은 인지도가 높다는 뜻일까? 소비자들이 그 제품을 자주 구매한다는 뜻일까? 오늘날 전 세계의 많은 기업들이 브랜드를 자산의 관점에서 접근하면서 강한 브랜드 파워를 가지기 위해 노력하는 것은 왜 일까?

어떤 제품이나 서비스를 제공하기 위해 소요된 원가 이상의 부분을 말하는 브랜드 자산 가치, 단순한 상표명이라는 개념을 넘어선, 보이지 않는 가치에 대해 살펴보자.

미국의 경제주간지인 비즈니스위크와 브랜드컨설팅업체인 인터브랜드가 발표한 세계 100대 기업의 브랜드 가치에 따르면 2007년 브랜드 가치 1위 기업은 653억 2천4백만 달러로 코카콜라였으며, 2위에서 4위를 차지한 기업은 마이크로소프트, IBM, GE의 순이다.

우리가 주목해야 할 점은 2001년부터 지속적으로 그 위치를 지키고 있는 1위에서 4위까지의 기업들이다. 코카콜라를 시작으로, 2위에서 4위까지를 마이크로소프트, IBM, GE이 동일한 순위를 유지하고 있다. 여기에서 우리는 강력한 브랜드 파워를 구축한 기업의 시장에서의 위치가 쉽게 변화되지 않는다는 것을 알 수 있다.

한국 기업들 중에서는 삼성전자, 현대자동차, LG전자가 글로벌 100대 브랜드에 포함되었으며, 한국 기업들 중 가장 높은 순위를 보이고 있는 삼성은 2000년 43위에 이어 2007년 현재 21위에 랭크되었으며 브랜드 자산가치는 168억 5천3백만 달러를 기록했다. 또한

2005년 신규 진입한 현대자동차는 2007년 현재 44억 5천3백만 달러로 72위, LG는 31억 달러로 97위를 기록했다.

국내 기업의 성장이 눈에 띈다. 그러나 불행하게도 미국 대학생을 중심으로 한 설문조사에서 삼성전자가 어느 국가 브랜드냐는 질문에 대다수 젊은이들이 삼성전자를 일본 브랜드라고 대답했다. 국가 브랜드가 따라가지 못하고 있는 현실을 주목해야 한다.

브랜드는 제품 혹은 서비스를 경쟁자와 구별시켜 소비자가 구매 의도를 가지게 되거나, 구매결정을 하는 시점에 결정적인 영향을 미치게 되는 것으로 모든 브랜드는 그 영향력의 크기가 다르다. 브랜드 파워가 크다는 것은 소비자의 머릿속에 경쟁 브랜드와 비교했을 때 차별화되고 좋은 이미지로 우선적으로 떠오른다는 것을 의미하며 이에 따라 높은 브랜드 자산을 형성하게 된다.

코카콜라는 1백 년이 넘는 시간 동안 수많은 경쟁 음료들이 시장에 출시되었음에도 불구하고 한결같은 맛으로 세계인의 머릿속에 자리잡고 있다. 물론 펩시콜라의 추격을 받아 미국내 시장점유율을 빼앗겼을 때, 고객의 욕구를 잘못 파악하고 뉴코크를 내놓아 위기를 맞기도 했다. 그러나 고객의 진정한 욕구를 겸손하게 다시 받아들였고 오리지널 콜라는 재출시되었다.

또한 메르세데스 벤츠는 전 세계적으로 가장 유명한 고급 승용차로 1백여 년간 부와 명예의 상징으로, 가장 안전하고 고급스러운 승용차의 대명사로 인식되고 있다.

브랜드의 의미를 생각해보면 원래 브랜드(brand)라는 단어는 '태우다' 라는 의미의 노르웨이어 'brandr'에서 유래된 것이라고 하는데 이는 자신의 소유물이나 생산품에 낙인을 찍는 데에서 유래되었다는 설이 있다(Interbrand, 1992). 브랜드를 사전적 의미로써 정의하면, "상표, 제품의 이름, 품질, 품종 그리고 소유주 등을 표시하는 소인, 각인 등"이라고 되어 있다. 미국 마케팅협회(AMA)에 의한 학문적 정의는 "어떤 판매자의 재산이나 서비스를 다른 판매자의 그것과는 다른 것으로 식별하기 위한 이름, 용어, 디자인, 심벌 및 그 외의 특징"이다(Keller, 1993).

정의에서 알 수 있듯이 브랜드는 식별하기 위한 이름을 포함한 디자인, 심벌, 로고 등 눈에 보이는 가치와 이미지 등 보이지 않는 가치를 모두 포함한 개념이다.

삼성경제연구소에서 사랑받는 브랜드의 7가지 유형에 대해 조사했는데 그 내용은 소꿉친구 사랑, 탐닉적 사랑, 실리적 사랑, 낭만적 사랑, 가족적 사랑, 복종적 사랑, 마지막으로 완성된 사랑이었다.

소꿉친구 사랑이란 친밀감이 매우 높은 유형으로써 코카콜라의 백곰이나 맥도널드의 도널드, KFC 할아버지 등이 여기에 해당한다고 볼 수 있다. 탐닉적이란 열정적 사랑의 유형인데 이효리의 애니모션, 전지현의 제록스, 지오다노 등이 그것이다. 권위와 지위를 상징하는 복종적 사랑이나 완벽함을 내세우는 완성된 사랑 등 이러한 7가지 사랑이 성공적 브랜드를 만들어냈다는 것이다.

현대에 와서 이러한 브랜드가 더욱 중요시 되는 원인으로 몇 가지를 생각해볼 수 있다.

먼저, 계속적으로 새로운 브랜드를 개발해서 마케팅 활동을 펼치는 것보다 기존 브랜드를 활용하는 편이 보다 효율적이기 때문이다. 이것은 마케팅의 목적인 신규 고객 창출과 더불어 기존 고객을 유지하는 것과 무관하지 않다. 신규 고객을 창출하는데 드는 비용이 기존고객 유지에 드는 비용에 비해 5배에서 많게는 9배 가량 많다는 이론처럼 브랜드를 바꾸는 것보다는 기존 브랜드를 유지하는 것이 비용면에서도 훨씬 합리적이고 효율적인 것이다.

둘째 이유는 시장에 출시되는 다양한 제품들이 일정 수준 이상 품질을 갖추게 되면서 품질 평준화가 왔고 이것은 결국 품질만으로 승부하는 시대가 끝났음을 의미한다. 많은 기업들은 이제 가격이나 유통 혹은 광고 등을 차별화 요소로 하여 경쟁하고 있으며 브랜드 역시 하나의 중요 차별화 요소가 된다.

마지막으로 기업 브랜드가 브랜드라는 이름으로 끝나는 것이 아니라 브랜드 자산(brand equity)으로 인정되고 있고, 이러한 브랜드 자산을 통해 기업 가치를 극대화하고자 하는 것이다.

결론적으로 오늘날과 같이 고도로 정보화된 사회에서는 브랜드가 단순한 제품 구별의 상징일 뿐만 아니라, 제품 차별화, 품질에 대한 신뢰를 넘어선 자산으로서 기업 가치로 인식되고 있다. 이제 모든 기업들은 단순한 브랜드 네이밍을 그 이상의 오랜 시간동안 시장에서 고객들을 대상으로 막강한 파워를 가질 수 있도록 하는 체계적인 브랜드 전략을 구축하고 추진해야 한다.

미국 커뮤니케이션 연구회는 브랜드 자산의 개념을 아커(David A. Aaker, 2003)의 개념을 기초로 한 브랜드와 그 브랜드의 이름 및 상징에 관련된 자산과 부채의 총체라고 정의하고 있다. 즉 브랜드 자산이란 기업과 그 기업 고객에게 가치를 제공해주는 것으로서 브랜드 이름 또는 심벌과 연관된 것이어야 한다.

브랜드가 없을 때 보다 제시될 때 고객 선호도는 높아진다. 즉 동일한 품질을 가진 두 가지 상품에 대하여 서로 브랜드만 다를 때, 어떤 고객이 한 브랜드를 다른 브랜드에 비해 선호한다면 이러한 선호도의 차이는 브랜드 차이 때문에 발생한다고 할 수 있다.

브랜드 자산을 구성하는 요소로는 아커의 브랜드 자산 모형이 가장 일반적이다. 아커에 의하면 브랜드 자산은 브랜드 인지도, 브랜드 충성도, 지각된 품질, 브랜드 연상 이미지, 기타 독점적인 브랜드 자산의 다섯 가지 요소로 구성된다.

첫 번째, 브랜드 인지도는 마케팅 커뮤니케이션의 중요한 목적 중 하나로, 고객들의 마음속에 존재하는 특정 브랜드에 대한 태도의 강도를 말한다. 이러한 브랜드 인지도는 브랜드에 대한 친밀도와 호감으로 구성되며, 이는 기업에 대한 신뢰로 이어지기도 한다.

브랜드 인지도는 고객이 느끼는 정도에 따라 그 브랜드를 알고 있는 것 같다는 약한 인지도에서 그 브랜드만 생각난다고 하는 강한 인지도까지 범위가 넓다. 소비자행동 측면에서 보면 고객은 소비자 정보처리 과정을 밟아간다고 한다.

이러한 정보처리 과정이라 함은 정보가 노출되고 주의, 이해, 수용, 보존 등의 과정을 거쳐 가게 됨을 말한다.

이때 기업은 자사 브랜드를 고객에게 빠르게 전달하고 오래 지속되어 저장되기를 바란다. 또한 고객이 특정 제품에 대한 구매의사가 생길 경우, 머릿속에서 가장 쉽고 빠르게 기억되는 이름이기를 바란다. 이러한 브랜드를 최초상기군(TOMA; Top of Mind Awareness)이라고 하는데, 이것이 중요한 이유는 최초상기군인 경우 최종적으로 구매되는 제품 브랜드일 가능성이 높아지기 때문이다.

두 번째, 브랜드 충성도는 특정 브랜드를 애용하고 선호하는 정도로 이러한 감정을 바탕으로 재구매 혹은 반복구매 행동을 일으키는 것을 말한다. 브랜드에 대한 높은 충성도는 고객으로 하여금 특정 브랜드에 애착을 가지게 하고, 반복구매 패턴을 강화시켜, 상표 전환 혹은 이탈의 가능성을 감소시킨다. 특징은 다른 요소들과 달리 실제 사용 경험과 밀접한 관련이 있다는 것이다.

이렇게 충성도가 높은 고객은 자신의 구매에만 관련되는 것이 아니라 주변사람들에도 크게 영향을 미친다. 요즘 인터넷이 발달되어 그 범위와 계층도 다양하다.

다시 말하면 구전효과(WOM; Word of Mouth)가 과거 지역적 특성에서 벗어나기 힘들었던 반면, 인터넷을 이용하는 현대인에게는 탈

지역성을 가지게 되었고 특히 얼리어댑터의 의견 등은 그 어떤 영업사원보다도 더 막강한 파워를 형성하게 되었다. 우리는 인터넷을 통해 소니 매니아와 삼성 매니아가 또는 스카이 매니아와 애니콜 매니아가 입씨름을 하는 것을 종종 본다.

잘 구축된 브랜드 충성도는 고객을 평생 고객화할 수 있으며, 기업에서는 고객들의 충성도를 높이기 위해 마일리지나 포인트 프로그램 등의 상용 고객 프로그램, 차별화된 서비스를 제공하는 회원 제도를 활용하며, 보다 개별적으로 고객들과 상호작용하기 위해 DB 마케팅의 방법을 활용하기도 한다.

이를 가장 잘 활용하는 것이 항공사의 마일리지 제도이며, 이러한 마일리지 혹은 포인트 프로그램은 이제 OK 캐쉬백 등으로 우리 생활 전반에 자리잡아 온라인이나 오프라인에서 현금을 대체하는 결제수단으로의 역할까지 수행하고 있다.

세 번째, 브랜드 연상 이미지란 브랜드에 갖는 전체적인 인상을 말하는 것으로, 고객 기억 속에 새겨진 연상들에 의해 표현된 브랜드에 대한 인식으로 정의할 수 있다. 다른 브랜드에 비해 강하고, 호의적이고, 독특하고, 고객의 욕구와 필요를 충족시켜주는 등 고객에게 긍정적인 가치를 강하게 충족시켜준다는 이미지를 갖게 되는 것을 말한다.

'맥주' 하면 떠오르는 이미지에 어떤 것이 있는가? 두산, 술, 친구 등이 떠오른다. 각각은 또 야구, 회오리바람, 만남 등을 떠올리며,

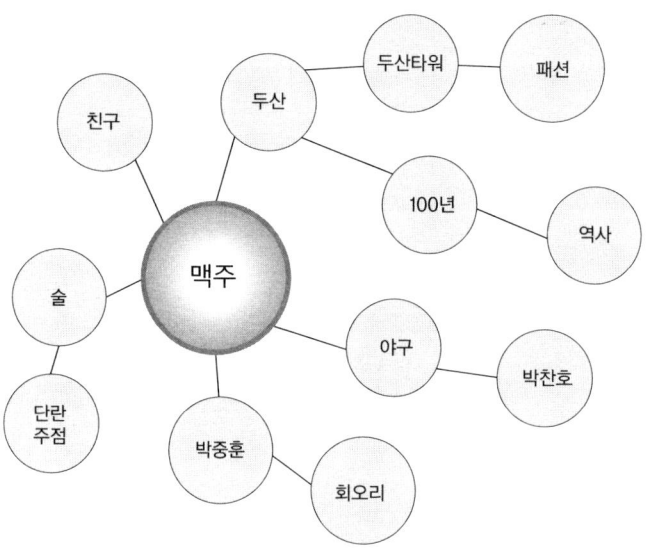

그림 6 브랜드 연상 작용

이들은 또한 박찬호, 박중훈, 휴식 등의 가지를 만들 수 있다. 이렇게 가지치기 브랜드 연상을 통해서 좋은 이미지를 유지하거나 확장하는 것이 가능하다.

 네 번째, 인지된 품질은 고객 구매에서의 핵심적인 동기 요인이며, 고객이 인식하는 제품 품질이 브랜드 모든 요소에 영향을 미치는 기본적이고 중요한 요소이다. 사람의 인식은 진리와는 거리가 있다. 인지하는 것, 눈에 보이는 것, 또는 믿고자 하는 것이 실체, 즉 본질과는 다르다는 것이다. 중요한 것은 고객의 마음속에 선호되는 좋은 이미지를 유지해야 하며 고객은 이렇게 인식된 제품이나 서비스의 질이 높을 때, 브랜드를 인식하는 수준도 따라서 높아진다.

그러므로 기업에서는 고객들이 각 제품이나 서비스에서 확실히 중요한 요소로 인식하고 있는 분야의 품질에 집중해야 하며, 고객이 품질을 평가할 때 기초로 삼는 사소한 단서들의 의문점을 충족시켜 줄 수 있는 커뮤니케이션이 필요하다.

다섯 번째, 경쟁자에 대비한 유통 경쟁력 우위라던가 브랜드가 가지고 있는 특허권 등 기타 독점적인 자산이 브랜드 자산을 구성하는 요소로 되어 있다. P&G, 태평양, CJ 등에서 신제품을 출시할 경우 중소기업의 제품들에 비해 대형 할인점이나 슈퍼마켓 등에 쉽게 진입할 수 있어 소비자들에게 빠른 시간 내에 전파될 수 있다는 것이 가장 간단한 유통 경쟁력 우위의 예라고 할 수 있다.

이러한 브랜드 자산의 구성요소들이 서로 영향을 미치면서 브랜드 이미지가 형성이 되고, 이미지는 브랜드를 선호하는 태도를 형성하게 된다. 이러한 태도는 여러 브랜드를 비교 평가하고 구매결정을 내릴 때 영향을 미친다.

복잡하고 다양한 고객의 욕구와 기호를 충족시키기 위해 노력하는 기업에서는 고객이 제품을 선택하는 기준이 중요하다. 이제 고객은 제품 품질, 가격 등 제품 특성에 앞서 브랜드를 먼저 인식하고 있으며, 고객의 머릿속에 한번 구축된 브랜드 이미지는 쉽게 바뀌지 않는다. 따라서 소비자에게 자사 브랜드를 어떻게 인식시키느냐가 시장에서 성공과 실패의 핵심적인 요소이다.

풀무원은 높은 제품 신뢰도를 바탕으로 한 브랜드 파워를 기반으로 지속적인 브랜드 확장을 통해 신제품 도입을 손쉽게 수행하고, 기존 제품에 대한 인지도 증대 그리고 브랜드에 대한 인지도 강화에도 긍정적인 효과를 거두고 있다.

또한 우리는 TV 광고에서 GS의 자이, 롯데 캐슬, 두산 위브, 금호 어울림 등 수많은 건설 브랜드를 접하고 있다. 이러한 건설 브랜드의 시작을 알린 것은 2000년 삼성의 래미안으로 이러한 아파트의 브랜드 경쟁은 대형업체들에 이어 중견업체들도 동참하고 있으며, 주택가격의 불안정에 따른 경기전망의 불투명, 높은 주택보급률에 따라 건설업체간 경쟁이 치열해지면서 건설 브랜드 도입과 활용은 시장에서의 경쟁우위 확보를 위해 필수적인 요건으로 자리잡고 있다.

또한 이러한 건설 브랜드는 아파트 자체의 차이에 브랜드의 가치가 추가되어 분양가에서 매매가까지 가격 차이를 형성하고 있으니 건설업체와 고객 모두에게 중요한 문제라 할 수 있다. 강력한 브랜드는 고객의 높은 선호도로 인해 가격 민감도가 낮아져 보다 높은 가격을 책정할 수 있다.

고객 관점에서 브랜드는 브랜드의 유무에 따라 고객 선호도의 차이가 생기는 것을 볼 수 있다. 동일한 품질을 가진 두 제품이 A와 B라는 다른 브랜드를 가지고 있을 때, 고객이 A보다 B를 선호한다면 이러한 선호도의 차이는 브랜드 자산의 차이 때문이라고 할 수 있다. 이제 브랜드는 기업에 있어 자산의 차원으로 집중적으로 관리되어야 할 필수 요소이다.

　브랜드는 단순한 명칭에 한정된 것이 아니라 제품이나 서비스 자체를 나타내며, 그 제품이나 서비스가 지닌 물리적 속성뿐만 아니라 심리적, 경제적 가치까지도 포함되면서 이제 기업의 중요한 자산으로 인식되고 있다.

　브랜드는 비단 기업에만 필요한 것은 아니다. '나'라는 개인 브랜드의 필요성을 알아야 하고, 크게는 국가가 국가 브랜드의 개념을 가져야 한다. 전 세계에서 삼성을 모르는 사람은 많지 않을 정도로 이미 삼성 브랜드는 막강해졌다. 그렇지만 삼성이 한국 브랜드라는 것을 아는 사람은 그리 많지 않다. 국가가 브랜드의 진정한 의미를 담고 마케팅을 하지 못한다면 국가 브랜드는 실패한 것이다.

　많은 기업이 국가 브랜드를 등에 업고 세계로 나아간다. "아! 그거 일본 제품이지, 역시!", "노르웨이는 역시 잘 만든단 말이야"라는 이미지의 무기를 가지고 시장에서 전투를 한다. 그러나 우리 기업들은 브랜드 없는 국기로 인해 외로운 *싸움*을 하고 있지는 않은가 생각해 볼 필요가 있다.

 ## 잘 나가는 **브랜드** 3대 원칙

성공적인 기업의 특징은 무엇일까? 브랜드 가치가 높다는 것이다. 그래서 요즈음 경영자들은 브랜드 가치를 높이는데 관심이 많다. 그런데 브랜드 가치에만 관심이 있는 경영자는 경박하다. 왜냐하면 브랜드 가치는 시장에서 겉으로 드러난 결과이기 때문이다.

그러므로 브랜드 가치를 높이기 위해서는 결과를 만들어내는 원인이나 메커니즘에 관심을 가져야 한다. 기업 활동이란 소비자들의 마음을 잡아가는 것이고 그 결과로 브랜드 가치가 높아지게 된다. 세상에서 가장 어려운 것이 바로 바람같이 흔들리는 소비자들의 마음을 잡는 것이다.

브랜드 가치의 구성요소는 무엇일까? 좋은 브랜드의 조건은 무엇일까?

우선 브랜드는 프로에게만 있다. 그러므로 그 분야의 전문가(expert)가 되어야 한다. 평범하게 제품을 만들어서는 브랜드 가치를 높이기는 어렵다. 전문가는 모두 그들을 한마디로 설명하는 단어가 있다. 바로 그들의 이름이다. 즉 브랜드 가치를 지닌 그들의 이름만으로 모든 것이 설명되는 것이 바로 전문가들의 이름이다. 기업의 브랜드야말로 이러한 전문가 이름이 있다는 뜻이다.

둘째, 성공한 브랜드가 되기 위해서는 신뢰가 기본이다. 이것이 바로 제품의 신뢰성(reliability)이다. 품질의 일관성, 서비스의 일관성, 성능의 일관성 등이 그것이다. 소비자들은 들쑥날쑥한 서비스, 들쑥날쑥한 품질, 들쑥날쑥한 성능을 제일 싫어한다. 왜냐하면 소비자들을 혼란스럽게 만들어 기대수준을 낮추기 때문이다. 렉서스 성공의 비밀은 제품성능의 일관성, 서비스의 일관성이다.

셋째, 감성(emotion)이 돈을 춤추게 한다. 소비자들과 감성적 교감이 있어야 한다. 하드웨어적 펀드멘탈뿐만 아니라 소프트웨어와 서비스, 광고 표현 등에서 고객과의 감성적 교감을 넓혀가야 브랜드의 가치가 생기는 것이다.

소위 잘 나가는 브랜드는 이러한 3대 원칙인 전문가, 신뢰, 감성의 기본 철학이 있다는 것을 기억해야 한다.

다음 현대자동차의 브랜드 가치를 상승시키기 위한 노력을 사례로 살펴보자.

앞서 살펴본 인터브랜드가 발표한 '세계 100대 브랜드'에서 현대자동차는 2005년 이래 연속으로 세계 100대 브랜드로 선정되었다. 2005년도에는 현대자동차가 일본의 닛산을 앞질러 84위를 기록하였으며 현대자동차의 브랜드 가치가 35억 달러로 글로벌 브랜드로 자리매김했다. 2006년에는 75위를, 2007년에는 72위를 차지했다.

3년 연속 세계 100대 브랜드에 진입한 현대자동차의 브랜드 가치는 45억 달러로 2005년보다 10억 달러가 상승했으며 전 세계 자동차 브랜드 중 가장 높은 상승률을 기록하며 8위로 올라섰다. 이는 현대자동차가 제품의 품질을 제고하여 소비자들에게 신뢰성을 얻은 덕분이다. 즉 최근 몇 년 동안 획기적으로 품질개선에 성공한 결과이다.

흔히 현대자동차가 세계적 품질을 확보하는데 가장 큰 공헌을 한 사람을 정몽구 회장으로 일컫는데 주저하지 않고 있다. 기업경영에 획기적으로 품질경영을 강조한 결과이다.

이를 경영학 교과서에서는 전사적 품질관리(TQM; Total Quality Management)라 부른다. 그런데 현대자동차의 사례에서는 TQM이 '최고경영자(Top Management)가 품질(Quality)에 마니아(Mania)가 되면 품질이 좋아진다'는 뜻으로 쓰인다. 바로 최고경영자가 품질 마니아가 되어서 성공한 대표적인 사례가 된 셈이다.

이처럼 괄목할 만한 성장을 하고 있음에도 불구하고 현대자동차의 브랜드 가치는 자동차업체들 중에는 8위에 머물러 있다. 아직도 저가차라는 이미지를 벗어나지 못하고 있는 것이다.

자동차 분야만 중심으로 분석해보면 2007년도 최고의 자동차 브랜드에는 320억 달러의 가치로 평가 받은 도요타가 선정되었으며 벤츠(235억 달러)와 BMW(216억 달러)가 뒤를 이어가고 있어 현대자동차는 아직 정상과는 큰 차이를 보여주고 있다.

결국 고급 차종을 생산하는 브랜드가 아니어서 경쟁이 격심할 수밖에 없다. 자동차 업체 중 8위는 불안한 위치이다. 브랜드는 제품뿐만 아니라 서비스 자체를 나타내며, 그 제품이나 서비스가 지닌 물리적 속성뿐만 아니라 심리적, 경제적 가치까지도 포함하고 있다.

그러므로 현대자동차가 브랜드 가치를 높이기 위해서는 차의 품질을 높이는 것뿐만 아니라 마케팅, AS, 딜러 서비스 등 감성적으로 소비자들에게 다가가는 시스템 구축을 필요로 하고 있다.

브랜드가 실패하는 데에 여러 가지 원인이 있다. 아이디어가 실패하거나 광고나 PR이 실패할 때도 있고, 문화적 차이가 실패를 부르기도 한다. 이렇듯 브랜드의 실패는 여러 요소에서 발생할 수 있다.

기업에서는 우리의 생활 모든 분야에서 중요한 요소로 자리 잡은 브랜드 전략을 추진함에 있어서 기억하기 쉽고, 제품의 특징과 장점에 잘 어울리는 적합한 브랜드를 결정하고, 브랜드를 소비자들이 잘 인식할 수 있도록 마케팅 활동을 진행함으로써 소비자들이 그 브랜드를 선택하게 해야 한다.

브랜드가 좋으면 무조건 성공한다는 것은 경박하다. 브랜드는 위와 같이 내포된 뜻이 많으며 제품 특성에 맞는 브랜드 전략이 필요하다. 이러한 브랜드에 대한 새로운 철학적 접근으로 브랜드를 바라보아야 한다.

브랜드 네임 자체로도 좋은 브랜드 네임과 나쁜 브랜드 네임이 있다. 처음 이름을 지을 때 잘못 지은 경우 브랜드를 바꾸는데 엄청난 시간과 비용이 들 뿐 아니라 브랜드로 인한 손실을 두고두고 갚아야 하는 경우도 있다.

인터넷 전화회사인 '링고(Lingo)'는 'link'와 'go'의 합성어이고, 인터넷 검색사이트 '구글(Google)'은 0이 100개 달린 큰 숫자로써 '눈동자를 굴리는' 이라는 'googly' 까지 연상시켜 웹서핑의 의미를 담아 낸 훌륭한 브랜드 네임이다.

아이리버는 처음부터 해외진출을 염두에 두고 브랜드 네임을 했다. 여기에서 '아이(i)'란 인터넷을 의미하기도 하고 나를 지칭하기도 하며 '리버(river)'는 인터넷이 강물처럼 흘러간다는 정보의 흐름을 의미하며 외국인이 발음하기 좋은 철자가 'r' 자임에도 착안을 했다고 한다.

반면, 국내 중소 mp3 제조업체 중 거원은 품질이 우수하고 좋은 업체임에도 불구하고 발음이 어렵다는 이유로 해외에서 외면당했고 결국 '코원'으로 브랜드 네임을 변경할 수밖에 없었다. 물론 이에 따른 엄청난 손해는 말할 필요도 없다.

우리는 브랜드 홍수 시대에 살고 있고 어느 기업이나 심지어 사회

구성원 개개인들까지도 스스로에 대한 브랜드 가치를 강조하고 있다. 유명 브랜드만 선호하는 것은 결코 합리적인 소비자의 행동이라 할 수는 없다. 하지만 일부 고객들이 가지는 유명 브랜드에 대한 선호는 절대적이라 할 수 있다.

고객에게도 기업에게도 무엇보다 중요한 것은 외적으로 표방하는 브랜드 가치가 기업이 고객에게 실질적으로 전달하고 실천하는 브랜드 가치와 일치하여야 한다는 것이며, 중요한 것은 보여지는 브랜드가 아니라 오랜 시간 동안 다양한 방법으로 실천하는 일관된 가치이다.

따라서 기업 마케팅 담당자는 강력한 브랜드를 구축하는 것이 신뢰를 바탕으로 한 고객관계를 구축하고, 고객에게 경쟁자보다 강력하고 차별화된 가치를 제공함으로써 고객들이 만족할 수 있도록 하는 것이며, 이를 통해 고객들의 지속적인 관심과 충성도를 획득하는 것이다.

이러한 브랜드 전략에 관련된 기본 철학을 바탕으로 하여 기업이 브랜드 전략을 추진함에 있어 중요한 것은 브랜드 그 자체가 아니라 브랜드가 담고 있는 신뢰가 가치를 일관되고 효과적으로 고객에게 제공해야 한다는 것을 명심해야 한다.

우량 브랜드에는 그들만이 가지고 있는 공통된 유전자가 있다. 브랜드를 이름으로만 생각해서는 브랜드 철학을 가질 수 없다. 성공한 브랜드가 가지고 있는 기본 철학을 살펴보아야 한다. 앞서 언급한 브랜드가 담고 있는 신뢰를 기본으로 해야 한다. 또한 기억하기 쉽고 제품과 서비스와 연관된 네이밍이 필요하다.

　마지막으로 성공 브랜드는 감성 브랜딩인 경우가 많다. 이러한 성공 브랜드 DNA를 가슴 깊이 염두에 두고 철학적으로 다가설 때 브랜드는 성공할 것이다.

마케팅 철학 제7법칙 : 브랜드의 CC

"파출부도 프로 의식이 있어야 해요. 프로 파출부가 되기 위해서는 처음 고객의 집에 방문할 때는 꽃 두 송이를 준비해 보십시오. 화장실에 한 송이, 화장대에 한 송이를 꽂는 겁니다. 가격은 얼마 안 되지만 그 꽃을 본 고객은 얼마나 기분이 달라지겠습니까? 고객이 가장 염려하는 점이 무엇이라고 생각하십니까? 바로 자기 집의 귀중품이 분실되지나 않을까 하는 점입니다. 첫 방문 때 고객에게 아주머니의 성명, 주민등록번호와 연락처를 적은 메모를 건네주십시오. 그리고 그 집을 나설 때에는 '부족한 부분 있으면 연락을 주십시오, 꼭 조치해드리겠습니다' 라고 하십시오."

"세상에 평범한 것은 없습니다. 우리가 평범하게 일을 하고 있을 뿐입니다."

삼미그룹 전 부회장에서 롯데호텔의 웨이터로, 그리고 한국외국어
대학교 부총장을 지낸 서상록씨가 파출부에 대해 말한 일화 중에서

08
마케팅 철학 제8법칙
감성의 CC

"여자가 원하는 것을 알면
세상은 당신 것이다!"

여자라서 행복해요 : LG DIOS 마케팅 전략

1998년 프리미엄 양문형 냉장고로 런칭한 디오스(DIOS)는 현재 국내 주방가전의 대표 브랜드로써 명성을 쌓아갈 뿐만 아니라 해외에서도 주목받고 있는 브랜드이다.

2005년 LG 전자 프리미엄 주방 가전을 통합하는 이름으로 브랜드 확장을 한 디오스는 '내일을 사는 여자' 라는 슬로건에서 말해주듯이 철저한 여성을 공략한 마케팅 전략을 사용했다. '여자 말을 잘 듣겠습니다' 라든지, 2007년 슬로건인 '디오스 여자 만세 프로젝트' 등을 내세워 여성 중심과 고급스러움을 내세운 브랜드 철학을 구축했다.

꽃의 화가라 부르는 하상림의 '아트 디오스 모던 플라워' 역시 컬러 마케팅에서 한 걸음 더 나아가 집안을 화사하고 고급스러우며 갤러리에 온 듯한 느낌을 갖게 함으로써 고객이 원하는 심미성에 한걸음 더 나아가게 만들었다. 여성이 제품을 구매할 때 중요하게 생각하는 디자인에 관심을 가진 디오스는 냉장고의 외부뿐만 아니라 내부에 있어서도 실용성과 심미성을 중심 개념으로 하여 고품격 디자인 컨셉을 잊지 않았다.

당대 최고의 여자 톱스타를 쓴 것도 눈에 띈다. 심은하, 고현정 등 고급스럽고 선호도가 높은 이러한 모델들이 최고급을 지향하는 여성 고객들에게 어필했음은 말할 것도 없다.

이러한 여성 마케팅과 디자인·컬러 마케팅은 디오스를 여성들이 가장 구매하고 싶어하는 주방 가전의 브랜드로 만들었으며, 앞으로도 고객의 니즈에 먼저 부합하고 여성을 행복하게 만드는 전략이 변하지 않는 한 그 명성을 이어갈 것이다.

LG 경제연구소 자료 및 매일경제 기사를 발췌하여 정리함

 이성이 아닌 **감성**으로
제품을 대하는 그들

"여자가 원하는 것을 알면 세상은 당신 것이다" 영화 〈What Women Wants〉에 나오는 말이다. 이 말은 여성의 욕구를 충족시켜 준다면 시장에서 성공할 수 있다는 말로 설명된다. 그렇다면 왜 여성이 시장의 중심이라고 말하는가?

한 보고서에 따르면, 전체 시장의 80퍼센트 이상은 여성에 의한 구매로 이루어졌다고 한다. 이쯤 되면 우리가 왜 여성에 대한 연구를 해야 하는지 답이 나오는 것이다. 여성이란 무엇일까? 여성은 도대체 어떤 생각을 하고 있는가?

사람마다의 차이가 있겠지만 여성의 특징을 구분한 문헌에 따르면 다음과 같이 주장하고 있다. 여성은 이유가 없이 행복하기도 하고 슬프기도 하며 화가 나거나 기쁘기도 하는데, 이는 여성이 남성에 비해 감정선이 복잡하고 예민하기 때문이다. 이들의 이유없는 감정 변화는 이유없는 구매를 이끌기도 한다.

조앤 파주넨(Joan Pajunen)은 더 좋은 것, 더 색다른 것, 더 새로운 것을 찾아다니는 결코 이성적이지도 합리적이지도 않는 나비 고객에 대해 '버터플라이 마케팅'이라고 정의하고 있다. 여성의 제품에 대한 구매 성향은 마치 나비의 행동과 같아서 일관성이 없고 동선을 이해하기 힘들다. 하지만 적어도 하나, 나비의 움직임은 꽃과 관련성이 있다는 것이다.

여성 고객은 때로는 이러한 나비 고객과도 같아서 충동적 구매를 할 가능성이 높으나 적어도 하나, 여성의 움직임은 감성과 관련성이 있다. 즉 마케터는 여성의 충동적인 구매에도 관심을 가져야 하며 나비의 움직임이 꽃과 관련성이 있는 것처럼 여성의 구매가 감성과 관련성이 높다는 것에 주목해야 한다.

여성은 또한 멀티 플레이어 성향을 가지고 있다. 때로는 남성이 여성에 비해 단순하다는 말을 한다. 아마도 남성은 사고의 체계가 하나를 보면 다른 곳을 보려고 하지 않는 우직한 면이 있는 반면, 여성은 여러 가지 사고의 복잡성을 가지고 있기 때문에 이런 말을 하는 것 같다. 그래서 여성은 남성에 비해 걱정이 많다는 말을 종종 듣기도 한다.

이러한 여성 성향은 물건을 구매할 때 많이 나타난다. 예를 들면, 한 여성이 레스토랑에 들어설 때 그녀는 우선 인테리어나 분위기에

촉수를 세운다. 편안한 분위기, 우아한 분위기, 고급스러운 분위기, 캐주얼한 분위기 등등 어떤 분위기인지 우선 파악하며, 이때 매장 분위기에 어울리는 종업원인가, 흘러나오는 음악이나 향기 등을 한 꺼번에 감각적으로 이해하는 것이다.

멀티 플레이어인 그녀는 이처럼 매장에 들어설 때부터 멀티 포커스를 가지고 관찰을 시작한다. 물건, 종업원, 배경음악, 소파, 찻잔이나 접시, 테이블, 그 위에 올려놓은 꽃까지도 그녀에게는 빼놓을 수 없는 구매에 중요한 요인으로 작용하는 것이다. 그래서 까다로운 여성을 만족시킨다는 것은 참으로 어려운 일처럼 보인다.

하지만 감성 철학은 반대로 여성을 만족시킨다는 것이 매우 쉬운 일이라고도 이야기한다. 다시 말해 여성은 감성으로 제품을 대하고 있기 때문에 감성의 포인트를 잡으면 많은 부분에서 용서와 포용의 미덕을 보여주기도 하기 때문이다. 냉정하기 보다는 부드럽고 동정심이 많은 여성은 물건과 서비스를 따로 보지 않으며, 매장과 종업원을 동일시하기도 한다.

감수성이 풍부하고 예민한 여성은 또한 로맨스에 약하고 상상력이 풍부한 특성을 가지고 있다. 그녀들은 때로는 드라마의 주인공이 되고 싶어 하고 현실성이 전혀 없는 동화 속의 공주가 되고 싶어 한다. 또한 여성은 단순한 야한 비디오를 보는 것보다 에로틱을 기본으로 한 로맨스물에 더 관심이 많다. 이는 여성이 단순한 행위나 현재 처해진 현실보다는 스토리를 중요시하며 상상력이 풍부한 것을 의미한다.

　이런 현상을 여성이 공상만을 즐기거나 유치한 사람의 관점으로 본다면, 그것은 여성을 전혀 알지 못하는 것이다. 이는 여성의 풍부한 감수성이 만들어낸 스토리의 미학이며, 여성은 이처럼 감정 변화가 복잡하고 빠른 나비와 멀티 플레이어, 스토리 작가의 특징을 가지고 있다. 이것은 모두 감성을 기본으로 하는데, 최근 기업들이 마케팅 컨셉을 감성으로 두는 이유도 바로 이러한 여성의 특징으로 설명할 수 있다.

　이렇게 감성으로 제품을 바라보는 여성에 대해 일찍 눈을 뜨고 마케팅을 한 경우 중 하나가 컬러 마케팅이다. 애플사의 컴퓨터나 아이팟(Ipod), '아홉가지 컬러로 만드는 요리'라는 컨셉으로 색채를 전면에 내세운 프랑스 조리기구업체 르 쿠르제(Le Creuset) 등이 대표적인 컬러 마케팅을 사용하는 업체이다. 이들에게 있어 컬러는 단순한 색이 아닌 감성적 고객에게 구매의 주요원인으로 다가서는 핵심 역량인 것이다.

　다음의 표 2는 컬러 마케팅의 예이다.

　이러한 감성 마케팅은 비단 여성만을 대상으로 하는 것은 아니다. 우리 사회는 서구 사회보다 감성적인 문화의 특징을 가지고 있다. 천 냥 빚도 말 한마디로 갚는다는 말이 있듯이 이성보다는 감성을 좋아하는 특성을 가진 사회라는 뜻이다. 이러한 환경에서 감성에 호소하는 마케팅은 효과가 높다. 여기서 중요한 것은 감성적인 고객을

[표 2] 컬러에 따른 마케팅의 예

색상	업 체 명
빨강	페라리, 코카콜라, BC카드, 티뷰론, 디오스
분홍	핑크팬더
검정	샤넬, 그랜저, 초콜릿폰, 프라다
금색	싼타페, 공진후
은색	렉서스, 벤츠
파랑	포카리스웨트, 인텔
초록	초록매실, 푸르지오, 스타벅스
오렌지	ING생명, 엔시아
노란색	트라스트, 레모나, 맥도날드

대하는 마음가짐이 정직과 신뢰를 바탕으로 한 철학적 기반이어야 한다는 것이다.

기업은 고객을 진심으로 대하고 가슴으로 다가가야 하며, 그 때 비로소 고객의 마음을 얻는 것이다. 많은 정보 서비스 업체나 인터넷 업체들이 시행하고 있는 감동 마케팅의 대표적인 사례는 '리마인딩 마케팅(Reminding Marketing)'으로 생일, 결혼기념일 등 각종 기념일에 해당자에게 알려주거나 그날에 어울리는 선물, 카드 등을 선물하는 것 등이다. 고객이 소중히 여기는 날을 기억해 알려주는 것은 고객에게 감동을 주게 마련이다.

이외에도 '애프터 마케팅' 역시 감동 마케팅 기법 중 하나인데, 이것은 제품이나 서비스를 판매한 이후에 마케팅 활동을 전개하는 것으로 제품을 판 후 2주일이나 3주일 후에 고객에게 전화를 걸어 제품에 이상이 없는지, 사용 중 불편한 사항은 없는지를 묻는 것으로 고객들은 자신을 기억하고 있다는 것에 감사한다.

기업들은 저마다의 감동 마케팅으로 고객을 사로잡고 있다. 그들은 고객이 없으면 기업도 없다는 생각으로 고객의 감동을 끌어내기 위해 노력하고 있는데 과거 고객 확대에 주력해온 기업들이 이제는 고객을 기반으로 새로운 가치를 창조해내며 기존 고객 유지에 힘쓰고 있는 것을 보면 알 수 있다.

특히 단순히 경품을 내거는 등의 이벤트보다는 기본에 충실해야 하는데, 품질을 개선하거나 고객 욕구를 미리 파악하여 서비스를 제공함으로써 불만을 0퍼센트로 내리려는 노력을 해야 한다.

이외에 최근 대두되고 있는 마케팅 컨셉이 사회지향적 컨셉이다. 사회지향적이란 세 가지 측면을 염두에 두고 있는 것으로 우선 사회에는 복지를, 고객에게는 만족을, 그리고 기업에게는 이윤을 제공할 수 있어야 한다는 것을 말한다. 이 세 부분이 모두 가능할 때 기업의 생존과 발전을 이룰 수 있다는 것인데, 특히 감성적인 고객을 많이 가진 기업일수록 이러한 마케팅이 성공할 가능성이 높다.

그러나 기업의 이익, 소비자의 욕구, 사회의 관심사를 균형적으로 유지한다는 것은 매우 어려운 일이다. 기업은 기업 이익만이 아니라 사회 속에서 기업이 존재하며, 사회와 더불어 발전함을 철학적 관점으로 인식해야 한다. 또한 사회와 고객을 생각하는 것이 기

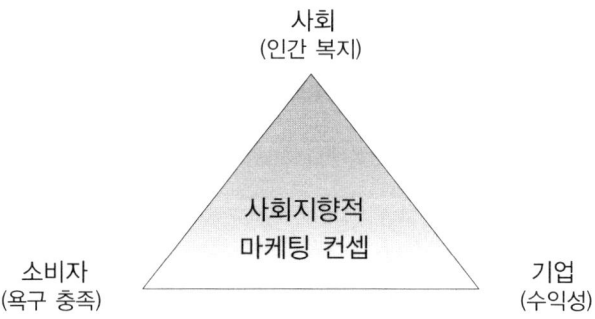

자료 : Philip Kotler, Gary Armstrong(2001), *Marketing: An Introduction*, 6th edition, Prentice Hall.

그림 6 사회지향적 컨셉의 정삼각형

업 이익에 손해가 되는 것이 아니라 궁극적으로 기업 성공에 도움이 됨을 깨달아야 한다.

산업화 시대에는 산업의 빠른 발전에만 급급해 삶의 질과 환경에 관심이 없었으나, 지금은 지역사회와 환경적 책임을 기업에게 묻고 있다. 기업은 이익과 함께 정직, 성실을 강조해야 하며 고객에 대한 인간적 대우의 중요성을 알고 기업에 전사적으로 활용하고 강조해야 한다.

시안화물이 들어 있는 타이레놀을 복용한 8명이 미국에서 사망하는 사건이 일어났을 때 존슨 앤 존슨은 2억 4천만 달러를 투여해 미국 전역에 걸쳐 모든 알약을 회수하는 노력을 보였다. 이러한 신속하고 막대한 기업 손실에 소비자들은 박수를 쳤다. 기업의 단기적

이익을 위한 전략은 고객에게 외면당하게 된다.

존슨 앤 존슨 사장은 이 사건에 대해 "우리 회사는 사회복지 프로그램을 하는 것이 아니다. 단지 평범하고 좋은 사업을 하는 것뿐이다"라고 말했다. 이것은 사업을 하고 있는 모든 CEO들이 음에 담아 두어야 할 가르침이 되었다.

그 외에 비영리단체도 살아남기 위한 마케팅 전략을 수립하고 있으며, 사회는 윤리적 책임을 요구하고 있다. 경쟁은 더욱 심화되고 있고 하루가 멀다 하고 세상에서 탄생하고 사라지는 기업이 늘어나고 있다. 시장에 대한 새로운 컨셉이 필요한 때이다.

고객이 제품을 구매할 때마다 일부를 대의명분으로 사용하는 것을 의미하는 '공익연계 마케팅(Cause-Related Marketing)'은 매우 효과적인 사회지향적 마케팅이라 할 수 있다. 1983년 아메리칸 익스프레스 카드는 새로 신용카드를 발부할 때나 고객이 카드를 사용할 때 일부 금액(1센트)을 자유 여신상 복구에 쓰인다는 광고를 하기 시작했는데, 이것이 최초의 공익연계 마케팅이다.

이것은 매우 효과적이어서 고객은 대의를 위해 쓰이는 비용을 기꺼이 지불했으며 카드 이용액이 전년대비 28퍼센트나 상승하는 놀라운 결과를 나타내게 되었다. 신규 고객 역시 10퍼센트가 증가했으며, 결국 이 캠페인으로 170만 달러의 기금을 모았다. 공익연계 마케팅은 기업의 마케팅 전략 중 고객과 기업 모두에게 성공(win-win)을 가져다주며 고객에게 기쁨을 주게 만드는 긍정적인 효과를 낮게 한다. 고객이 감성적일수록 이러한 마케팅은 효과를 거둘 가능성이 높다.

미국에서 소비자들 중 78퍼센트는 그들이 관심을 갖고 있는 대의와 관련이 있는 제품을 구입할 가능성이 더 많다고 응답했으며, 소비자들 중 54퍼센트는 그들이 그러한 대의를 지원하는 제품에 대해 추가가격을 지불할 것이라고 응답했다.

존슨 앤 존슨는 예방이 가능한 어린이 상해와 관련한 캠페인을 43개 비영리단체와 같이 하고 있으며 P&G는 지체부자유 어린이를 후원한다. 또한 퓨리나(Purina)는 멸종위기의 큰 고양이를 보호하고 황성주 이롬생식은 사회 환원액을 다른 기업에 비해 2~3배 높게 책정하고 있다.

이 외에 P&G는 강한 흡수력을 가진 종이 기저귀와 자연 분해되는 기저귀를 개발해 자원절약과 쓰레기 줄이기를 하고 있고, 유한킴벌리는 '우리강산 푸르게 푸르게'란 슬로건으로 자연을 보호하는 캠페인을 벌이고 있다.

이처럼 감성적인 고객을 이해시키는 것은 머리를 이용하는 것이 아니라 가슴을 이용하는 것이다. 고객보다 예민해야 하며, 고객보다 까다로운 눈을 가지고 있되, 고객과 눈을 맞추는 것이 아니라 가슴을 맞출 수 있어야 그들을 사로잡을 수 있다.

 # **여자**를 행복하게 만드는 마케팅

"여자라서 행복해요" LG전자의 디오스 광고 카피의 일부이다. 여자를 행복하게 만드는 요인은 무엇일까? 여자의 행복을 찾기에 앞서서 이 사회에서의 여성 역할에 대해 생각해보자.

여성은 우선 여성으로의 역할이 있다. 여자 그 자체로써 행복해지기를 원하는 것이다. 둘째로 엄마의 역할이 있는데 감성적이고 여자로써만 제품을 대하던 그들도 엄마가 되면 보는 눈이 달라질 수 있기 때문이다. '엄마는 여자보다 강하다' 라는 말도 이것을 대변한다고 할 수 있다. 이외에도 여성의 역할은 많으나 크게 여성, 엄마의 역할이 있고 이에 따라 행복의 내용이 달라진다.

여성으로만 보면 그들은 사랑을 받거나 주고 싶은 본능과 여성으로써의 삶을 즐기려는 욕구가 매우 강하다. 감성적이어서 나비와 같고 멀티 플레이어적이며 스토리 작가와 같은 특징을 모두 보이는 이들에게 다가서는 마케팅 기법에는 이미 언급한 컬러 마케팅 등의 감성 마케팅과 오감 마케팅, 멀티 마케팅 등이 있으며, 특히 여성 싱글을 타켓으로 하는 싱글 마케팅 등이 있다.

과거에 비해 여성의 사회진출이 많아지고 성공하는 커리어우먼이 많아졌다는 것은 우리 사회의 소비문화에 커다란 변화가 왔음을 의미한다. 미국의 경우, 인구의 51.4퍼센트가 여성이며(2001년 기준), 상품이나 서비스의 약 85퍼센트 정도를 직접 구매하거나 구매에 영향력을 행사한다는 보고가 있다. 국내 사정도 크게 다르지 않다. 비록 수입이 없고 가정주부로만 지내는 여성조차도 구매의 대부분에 참여하고 구매의 실세로써 역할을 하고 있는데 구매력이 충분한 커리어우먼은 어떻겠는가?

여성이 구매하는 제품이나 서비스를 그저 음식, 일용품, 가전제품, 가구 등으로만 생각하고 있다면 그것은 매우 큰 오산이다. 이제 여성은 신형 자동차를 구매하고, 하이테크 제품인 MP3 플레이어와 닌텐도 DS도 구매하며, 일 년에 한두 번씩 해외관광 여행을 하기 위해 정보를 얻고 있다.

자동차를 살 때 남성에게만 온 힘을 기울이고 옆에 서있는 여성을 무시하는 마케터는 성공할 수 없다. 신혼여행 패키지를 알아보러 온 신랑에게만 관심을 가지고 신부의 의사를 묻지 않는 마케터는 분명히 실패할 것이다. 실구매자가 누구인지 명확히 알아야 한다. 이제 세상은 여성의 목소리에 더 귀 기울여야 성공하는 시대라는 것을 잊어선 안 된다.

그렇다면 어떤 기술이 여성의 마음을 잡을 수 있는가? 많은 사람들이 여성은 복잡한 것을 싫어하고 어려운 것은 꺼려한다고 생각하는 경우가 많다. 그러나 그녀들은 좀 더 섬세한 설명과 자신의 이야기에 귀를 기울이는 것을 더 좋아 한다. 성공한 마케터는 말을 잘 경청하는 사람이다.

여성은 신중하기 때문에 여러 가지를 물어보고 때때로 의사결정이 더딜 수 있는데, 이것에 대해 짜증내고 귀찮아하며 재촉하는 경우가 있다. 역시 고객을 놓칠 가능성이 높은 사람이다.

'깐깐한 정수기'를 외치던 광고나 레스토랑에서 이것저것 주문사항이 많아 보통이 아니라는 소리를 들었던 송윤아가 나온 광고를 기억하는가? 마치 깐깐하다는 의미가 '똑똑하다' 하는 것과 혼용되어 사용되는 것처럼 느끼지 않았는가? 깐깐한 구매자(vigilante shopper)[16]는 물건 하나를 사도 대충대충 사는 법이 없는데 여성은 이러한 깐깐한 구매자일 가능성이 높다. 그들의 요구를 최대한 수용해야 한다.

이들은 때로는 불만을 토로하고 제품이나 서비스에 대해 험담을 늘어놓기도 한다. 싸움을 거는 것처럼 보이는 이러한 고객을 잡아라. 그들의 요구사항을 들어주고 달래주었을 때 그들은 그 누구보다도 더 가까운 아군이 될 수 있다.

정말 무서운 고객은 침묵하는 고객이다. 겉으로는 만족하거나 특별히 불만 없는 것처럼 보이는 그들은 뒤에서 당신 등에 칼을 꽂을 것이다. 부정적 구전효과(WOM; Word of Mouth)는 긍정적 구전효과에 비해 몇 배는 더 멀리, 더 빨리 퍼져 나간다. 당신에게만 말해주지 않고 말이다. 고객과의 최상의 관계는 그들을 '파트너'로 만드는 것이다.

여성은 또한 모임을 좋아한다. 특별히 중요한 일도 아닌 것 같은데 여기저기에 모여서 잡담을 즐긴다. 집도 좋고 카페도 좋고, 찜질방도 마다하지 않는다. 모여 앉아 수다를 떠는 동안 정보는 계속해서 흘러다닌다.

〈섹스 앤 더 시티〉와 〈프렌즈〉를 보면서 환상과 꿈을 키우는 그녀들에게 주인공은 그녀들을 대변하는 모습이 된다. 세련되고 화려한 세계에 대한 동경과 쿨하고 지적인 주인공들에게 박수를 치는 여성은 찜질방에 앉아 계란을 까먹으면서 주인공에 대한 수다를 떨고 그들이 입은 옷에 대해, 그들이 든 가방과 신발에 대해 수다를 떤다. 그러다가 그들은 부동산, 금융, 미용, 요리, 육아, 가정용품, 인테리어, 여행상품, 엔터테인먼트, 예술, 문화, 하이테크 제품 등에 대해서도 얘기한다. 이 얘기 저 얘기를 하는 동안 정보는 계속해서 떠돌아다닌다. 마케터는 그들의 이야기에 귀를 기울여야 한다.

특히 금융이나 하이테크 제품이 여성에게 주목받지 못한다고 생각하는 마케터가 있다. 역시 잘못된 생각이다. 여성도 남성 못지않게 하이테크에 관심이 많다. 단지 관점이 조금 다를 뿐이다. 남성은 테크놀로지를 바라볼 때 새로운 것에 대한 욕구를 많이 드러낸다. 남성은 새로운 것, 첨단의 것, 고기능, 고성능 등의 단어에 약하고 좋아한다.

하지만 여성은 전혀 그렇지 않다. 여성은 테크놀로지를 바라볼 때에도 감성적이고 심미적으로 다가간다. 그러므로 여성에게 접근하는 하이테크 제품에 감성을 담아야 한다. 직관, 모델, 디자인, 감성을 좋아하는 여성이 소니의 바이오(VAIO) 노트북에 손을 들어준 것을 기억하자.

사랑을 듬뿍 담은 제품, 인간적이고 눈치 빠른 판매원, 따뜻한 분위기, 환상적인 스토리, 안락함, 환경적 요소, 기억해주고 대우해주는 주인 등 이러한 마케팅 전략으로 여성에게 접근할 때, 이들은 행복해지며 제품에 대한 애정을 표현할 것이다.

반면, 엄마 마케팅은 엄마의 역할을 담당하는 여성에게 어필하는 중요한 컨셉이다.

어린이 용품의 구매자는 아이일까 엄마일까? 실구매자가 누구인지 생각해 보아야 한다. '엄마는 여자보다 강하다'는 말을 기억하라. 엄마는 자식을 위해서라면 물불을 가리지 않는다. 아이에게 도움이 되고 아이를 행복하게 만들고 아이의 건강을 지켜주는 것이 엄마가 원하는 최상이다. 그러므로 엄마에게 중요한 것은 건강, 웰빙, 친환경, 교육, 신뢰 등이 될 수밖에 없다. 키즈 산업의 중심은 이러한 컨셉에서 찾아야 한다.

국내의 여러 가지 환경적 요인으로 많은 여성이 출산을 꺼리고 있다. 그 결과 전 세계에서 출산율이 매우 낮은 나라라는 불명예를 안고 있는데, 이것이 의미하는 것은 아이의 수가 줄었다는 것이 아니라 아이에게 최고의 것을 제공하려는 엄마의 욕구가 점점 더 커지고 있다는 것으로 이해해야 한다.

아이에게 좋기만 하다면 어떤 것도 마다하지 않는 것이 엄마가 아니던가! 이로 인해 키즈 산업이 점점 고급화되어 가는 현상이 두드러지고 있다. 이는 중국도 마찬가지인데 산아제한을 하고 있는 중국에서 한집에 한 아이는 신흥부유층을 중심으로 황금수저를 입에 문 아이로 태어나 최고의 대접을 받으면서 자라게 만드는 요인이 된다. 이러한 키즈 산업의 고급화 현상에서 절대 잊지 말아야 할 것은 진실과 신뢰를 기초로 한 철학적 마케팅이다.

키즈 산업과 더불어 엄마 자체를 대상으로 하는 마케팅도 눈길을 끈다. 과거의 엄마는 자식에게 모든 것을 쏟아 붓기 때문에 정작 본인은 소위 '못 입고, 못 먹고, 못 쓰고' 살아왔다. 하지만 현대의 엄마는 엄마이면서도 때론 엄마이길 거부한다. 자신을 여성 자체로 인정해주길 바라며, 여성의 삶을 인정받기 원한다.

국내에서 한동안 인기를 끌었던 단어 중 하나가 '미시'이다. 미시족이란 기혼임에도 불구하고 미혼녀와 같은 분위기와 젊음을 유지하고 사는 여성을 일컫는다. 그런데 요즘 국내에서는 이러한 '미시'

란 단어를 잘 사용하지 않는다. 왜일까? 미시가 없어진 걸까? 아니다. '미시'란 말을 듣는 여성이 너무 많아지게 되면서 미시족이란 말이 의미가 없어진 것이다. 미시! 이젠 처녀보다 아름답다. 미혼일 때로 돌아가려는 듯, 아니 미혼 때보다 더 아름다워지려는 그들에 주목하자.

마치 젊음과 자유를 보상받으려는 듯, 그녀들은 더욱 아름다움을 추구한다. 성형이나 체형보정, 운동 등을 하는 기혼녀가 미혼녀와 거의 비슷하다는 통계는 이러한 현상을 반영한다. '나이가 많으나 젊으나 여자는 여자다'란 말이 있다. 여성은 어디서든 어떻게든 항상 예쁘게 보이길 원한다. 40이 넘어도 아줌마란 소리는 듣기 싫고 60이 넘어도 할머니란 소리는 안 들었으면 좋겠다는 여성의 마음을 읽어보자.

마리아 베일리(Maria Bailey)는 엄마를 대상으로 하는 마케팅이 최근 들어 관심의 대상이 되고 있다고 언급하면서 이들을 크게 살림하는 엄마와 일하는 엄마로 구분한다. 살림하는 엄마에게 있어서 중요한 것은 아이들의 양육과 함께 엄마의 쉼터에 대한 필요성이다.

일하는 엄마에 비해 하루 24시간을 아이들과 지내야 하는 엄마(특히 미취학 아동을 둔 엄마)로써는 쉬는 시간이란 거의 없다고 해도 과언이 아니다. 최근 들어서고 있는 키즈 카페는 어린이의 실내 놀이 공간의 틀에서 벗어나 엄마들의 편안한 쉼터 역할을 하고 있다.

그러나 일하는 엄마는 살림하는 엄마에 비해 양육에 관한 정보가 턱없이 부족하다. 그렇기 때문에 엄마들은 인터넷을 통한 정보찾기에 열을 올리고 있는데, 이를 이용한 마케팅 기법이 늘어나고 있다.

이렇게 엄마를 도와주는 산업에 관심을 가져보자. 국내에는 여성에 대한 학습이 늦고 이에 대한 연구가 턱없이 부족한 실정이다. 이렇게 섬세하고 감수성이 풍부한 여성, 또는 여러 역할을 하는 여성을 행복하게 하는 것이 현대 마케팅의 성공요소이다.

어떤 역할을 하는 여성이든, 얼마나 감성적인 여성이든 간에 중요한 마케팅 철학은 진심으로 그녀를 이해하고 그녀의 마음을 사로잡아 행복하게 만드는 마케팅을 전개해야 한다.

마케팅 철학 제8법칙 : 감성의 CC

"당신은 여자들을 이해하니 세상은 바로 당신 것입니다. 여자가 원하는 것을 알면 세상을 지배할 수 있거든요"

영화 〈What Women Wants〉 중에서

09
마케팅 철학 제9법칙
고객화의 CC

"좋은 회사는 재고가 없다!"

고객화를 통해 더욱 고객에게 다가서고 있는 나이키

나이키는 그 이름만으로 세계에서 가장 유명한 스포츠 의류업체라는 명성을 가지고 있다. 이 업체는 최고의 스포츠 스타를 이용하는 광고 컨셉을 사용하고 있으며, 젊은이들의 패션 아이콘이다.

이러한 나이키가 인터넷을 이용한 맞춤판매를 하고 있다. 현재 고객은 인터넷을 통해 원하는 디자인과 사이즈, 색상 등을 선택하는 것뿐만 아니라 세상에서 단 하나뿐인 자신만의 운동화를 가질 수 있는 행운을 누리고 있다. 과거에 비용을 많이 들여 맞춤형을 샀던 것에 비해 비교적 저렴한 가격으로 자신의 개성을 마음껏 표출하는 '나만의 것'을 구매할 수 있게 된 것이다.

고객화는 대량생산으로 찍어내듯 만들어내는 제품에 식상해진 고객들에게는 더없이 반가운 소식이지만 기업들에게는 원가와 효율성에서 현실성이 없는 이론에 불과했다. 그러나 현재 많은 기업들이 고객화의 물결에 앞장서고 있다. 이는 '선공정 후조립'의 원칙을 고수하고 있기 때문에 가능하며, 나이키 역시 그렇다.

우선 제품을 생산하는데 있어 표준화를 원칙으로 하여 많은 부분의 공정을 마치고 대기하고 있다가 고객의 주문이 들어오면 부품들을 고객이 원하는 대로 조립하는 것을 의미한다. 표준화를 하기 때문에 부품의 재고 상태 파악이 쉬우며, 원가상승을 막을 수 있다.

후조립은 고객의 만족을 최대한 끌어올려 고객이 원하는 나만의 것을 충족할 수 있는 것이다.

이것은 단지 제품에 이름을 새기거나 자신이 튜닝을 하던 1차원적 고객화를 의미하는 것이 아니다. 이러한 제조업체의 노력을 통해 고객의 니즈는 더욱 더 충족되고 고객은 브랜드에 더욱 더 충성하게 된다.

 튀고 싶은 **고객**, 벌고 싶은 **기업**

　　　　　　2001년 7월 더운 여름날 아마도 토요일 오후였던 것으로 기억한다. 저자는 가족과 함께 뉴욕의 자랑인 '자유의 여신상'으로 향하는 배를 타기 위해 지루한 대기행렬 속에 서 있었다. 줄은 쉽게 줄지 않았고 2시간 넘게 줄을 서다보니 다리도 아프고 덥고 지치기 시작했다. 그나마 그 지루한 행렬 옆으로 우리를 고객이라고 생각한 수많은 거리의 악사와 서커스 팀이 어느 정도 위안이 되고 있었다.

　그러나 대체로 팁에 인색한 저자는 그들에게 1달러 주는 것도 아깝다고 생각하고 있던 터였다. 그러나 그러한 나에게 5달러짜리 지폐를 주머니에서 꺼내게 만든 사건이 일어났다. 어느 금발머리 거리의 악사가 내 앞에 멈춰서 대한민국의 국가인 '애국가'와 민족적 정서와 애수가 담긴 '고향의 봄'을 연주해 주었기 때문이다.

낯선 타지에서 여행에 지칠 때쯤, 이 노래들은 나의 심금을 울리기에 충분했다. "그래 이것이다. 고객화야말로 고객의 눈높이에 맞게 최고의 감동을 주는 것이다!"라고 깨닫게 되는 순간이었다.

만일 거리의 악사가 모차르트의 바이올린 협주곡을 연주했다면 그 연주가 아무리 훌륭했다 하더라도 나는 애써 시선을 외면하려 했을 것이고, 내 주머니에서 지폐가 나오는 일은 결코 없었을 것이다. 늘 자연스럽지 못했던 미국의 팁 문화 속에서 고객화를 시도한 이 거리의 악사에게 마음에서 우러나오는 팁을 감동하면서 주고 있었다.

고객의 특성과 상황, 문화를 이해하고 고객이 진정으로 원하는 제품과 서비스를 제공한다는 것은 단순한 판매를 의미하는 것이 아닌 진정한 고객 개개인의 욕구를 마음으로 받아들인다는 것을 의미한다. 그러나 대량생산 시대에 살면서 고객 욕구를 개개인 모두 반영한다는 것은 매우 효율적이지 못하다는 것이 정설이다.

왜냐하면 개개인마다의 독특한 개성을 반영한 제품을 생산하기 위해서는 차별화가 필요하며, 이렇게 차별화되는 제품들은 대량화가 어렵기 때문이다. 즉 규모의 경제를 실현시키지 못하기 때문에 꿈과 같은 이론이라고 생각했으며, 소량생산이면서 고가의 맞춤 제품이 존재할 뿐으로 인식하고 있었다.

결국 고객화된 제품을 구매하는데 있어서 문제점은 대량생산품에 비해 제품의 표준이나, 불량 등에 대한 신뢰성(reliability)이 떨어질 수 있고, 대량생산품은 바로 구입할 수 있는 반면, 제품을 구입하는 데 대기시간(waiting time)이 있으며, 대량생산품의 규모의 경제에 미치지 못하기 때문에 제품 구매가격이 높아진다는 것이다.

이에 대량생산이 가능하면서도 고객 욕구에 한 발 더 다가갈 수 있는 방법으로 고객화(customization)는 출현했다. 고객화는 고객 입장에서는 좀 더 다양한 제품과 서비스를 제공받는다는 측면에서 만족도가 높아질 수 있으며, 기업의 입장에서는 만족도가 높아지면서 충성도가 올라간 고객을 확보할 수 있다는 점에서 매우 중요한 전략이 될 수 있다. 이때 대두되는 용어가 주문 후 생산(BTO; build-to-order)의 개념이다.

많은 기업들의 경영전략은 예측기반의 유통 시스템을 지향하고 있다. 그러므로 재고중심의 프로세스인 재고 후 생산(BTS; build-to-stock) 체제를 갖추고 있다. 그 결과 생산 분야에서의 효율성에도 불구하고 많은 유통재고를 안고 있어야 함으로써 생산효율성 향상의 그늘을 만들어주고 있다.

고객화는 기업이 개별 고객의 니즈에 맞추어 주문 생산된 제품 및 서비스를 대량생산(mass production)함으로써 규모의 경제를 달성하고, 가치사슬(value chain) 내 효율적인 공급사슬 개발로 고객들의 니즈에 신속하게 대응할 수 있는 프로세스를 구축하는 것이다.

기업 경영전략의 최고 목표는 개별 고객들이 특정 욕구를 개별적으로 충족시키는 고객화(Pine, 1993)일 수밖에 없다. 그러면서 재고

중심의 프로세스인 BTS를 주문 중심의 프로세스인 BTO로 가꾸어 가는 길이다.

델(Dell) 컴퓨터가 모듈과 IT를 이용하여 전후방으로 정교하게 설계된 공급사슬(Fine, 1998, Chopra and Mieghem, 2000)을 통해 5일 안에 고객화된 주문을 공급하면서 IBM, HP, 컴팩(Compaq) 등을 제치고 경이적인 매출 및 이익성장율을 기록한 바 있다.

델 컴퓨터의 주가는 1990년대의 10년 남짓한 기간 동안 269배나 상승하였는데, 이러한 상승률은 인텔, 마이크로소프트, 코카콜라, 디즈니, 시스코 시스템 등의 주가 상승률보다 높았다(Fortune, 1998). 이에 비해 컴팩은 고객화와 BTO 없이 아웃소싱에 의한 BTS 시스템과 강력한 오프라인 판매망에만 의존한 결과 엄청난 시장 실패를 경험하게 된다.

델 컴퓨터는 공장이 없다. 모든 부품은 주문이 들어오는 것과 동시에 조립의 형태만을 갖고 고객에게 배송된다. 말하자면 단 한 개도 만들어내는 부품없이 조립을 하는 업체인 것이다. 이렇게 조립을 통해 완성업체가 되고 성공한다는 것이 놀라운 일이다. 여기에 조립의 숨겨진 비법이 있는 것이다.

컴퓨터는 1만 개의 부품으로 구성되어 있는데, 이러한 부품은 서로서로 호환되는 특성을 가지고 있다. 플러그 앤 플레이(plug and play) 방식이라고 하는 이러한 호환력은 혼자서도 능력만 있다면 부품을 사서 조립하면 훌륭한 컴퓨터가 될 수 있다. 어떤 부품을 가지고 조립했는가, 어떤 조립기술을 가지고 있는가에 따라 고급 컴퓨터가 되기도 하고 하급 컴퓨터가 되기도 하는 것이다.

물론 델 컴퓨터는 국내에서 그 역할이 미비했다. 그 이유 중 하나는 이미 용산 전자상가 등에서 수준 높고 저가인 조립식 PC가 보급되고 있었기 때문이다. 다시 말해 델 컴퓨터와 경쟁해도 뒤지지 않는 조립 효과, 가격 경쟁력, 고객화 맞춤 등의 장점을 가진 PC시장이 이미 갖추어졌던 것이다.

또한 델 컴퓨터는 현재 고객화 효과가 과거에 비해 턱없이 떨어져 있다. 이것은 변화에 대한 진화의 속도가 다른 경쟁회사보다 뒤쳐졌기 때문으로 풀이된다. 물론 한 가지 요인으로 인해 기업의 성패를 설명하는데 무리가 있다는 것을 전제한다.

좀 더 쉬운 예를 들어보자. 김밥천국에 가면 여러 종류의 김밥을 만날 수 있다. 김치김밥, 참치김밥, 야채김밥, 치즈김밥 등 종류가 매우 다양한데 이때 눈여겨보면 몇 가지 재미있는 점을 발견할 수 있을 것이다. 우선 주문 받기 전에 이미 재료들이 가지런히 정돈되어 기다리고 있다는 것이다. 이를 우리는 선공정의 표준화라고 한다. 주문 받기 전에 일단 표준화 작업을 해놓고 대기하는 것이다.

주문이 들어간다. "김치김밥 1개, 치즈김밥 2개요" 주문과 함께 조립의 과정을 겪게 된다. 김밥을 만들 때 꼭 필요한 재료는 일단 모두 들어가야 한다. 김, 밥, 단무지, 계란, 시금치 등이 기본으로 깔리고 김치김밥에는 김치가, 치즈김밥에는 치즈가 들어간다. 재료의 종류가 더 많다면 더 다양한 김밥의 종류가 나올 수 있다. 이것을 우리는 후공정의 다양화라고 한다.

BTO 방식을 효율적으로 적용하기 위해 부품을 모듈 형식으로 갖추고, 인터넷 및 인트라넷을 통해 주문과 생산을 빠르게 하며, 완성품의 재고를 줄여 보관을 위한 창고비 및 인건비 등을 절감함으로써 적시(適時), 적품(適品), 적가(適價)[17]를 실현하기 위한 노력을 경주해야 한다.

모든 회사가 떠안고 있는 문제 중 하나는 재고에서 시작된다. 회사의 창고에 가보면 돈 버는 회사인지 망할 회사인지 알 수 있다고 한다. 재고를 줄이는 방법 중의 하나가 물건을 만들어서 창고에 쌓아 두었다가 판매하는 방식(BTS)에서 고객의 주문이 들어오는 즉시 만들기 시작하는 고객화 방식(BTO)을 생각해야 한다. 이렇게 재고의 문제는 기업에 있어 매우 중요한 문제 중 하나이다.

기업들이 어떤 제품 개발 프로젝트든 그것이 성공하려면 외부 환경요인을 충분히 고려해야 한다. '고객의 소리'를 반영하지 않고 개발된 제품은 상당한 그리고 때때로 치명적인 장애를 갖고서 출발하게 된다. 고객화를 잘 하는 것은 고객이 요구하는 바를 정확하게 파악하고 이를 실행하는 것이다.

기업은 고객을 선도하는 기술을 창조하지만, 이는 고객 스스로도 모르는 니즈와 욕구를 주시하고 그보다 한발 앞서 대응하고 있는 것이다. 이와 같이 기업 스스로가 동태적 적응능력을 키워야 한다. 변화하는 상황, 변화하는 고객에게 대응해 미리 앞서서 나아가지 못하면 기업은 도태되고 말 것이다.

고객화에서 가장 중요한 두 가지 축은 고객의 입장과 기업의 입장이다. 고객은 제품을 통해서 자신의 개성을 표출하고 싶어한다. 반면 기업은 생산성제고와 창의성을 바탕으로 하여 기업이윤을 끌어올리고 성공하고 싶어한다.

고객화는 이 두 마리의 토끼를 잡을 수 있는 해법이 될 것이다. 고객에게는 제품의 다양화에 따른 차별된 제품과 서비스 만족을 안겨줄 것이며, 기업에게는 재고비용, 거래비용 등을 최소화하여 효율성 있고 내실 있는 기업환경을 안겨줄 것이다.

고객화에 성공한 예를 보면 제품뿐만이 아니다.

흔히 디지털 포스코 사례는 IT가 핵심인 것처럼 이야기한다. 그러나 똑같이 IT를 도입해도 성공하지 못한 기업이 많다. 왜일까? 많은 기업이 IT 도입 그 자체가 목표이고, 성과로 연결되는 것으로 알고 있다. 그러나 IT를 도입해서 오히려 실패한 사례가 많다. IT는 목표가 아닌 수단으로써 도구로 활용할 때, 기업성과로 나타나게 된다.

포스코는 IT를 재고를 없애는 도구로 사용했다. 포스코의 창고에 가보라. 텅 빈 창고를 발견할 수 있을 것이다. 왜일까? 디지털 포스코는 BTS형 생산방식을 BTO형 생산방식으로 바꿔 성공한 사례이다.

앞에서 언급한대로 BTS란 물건을 만들어 놓고 살 사람이 와서 사가면 돈을 벌고 안 사가면 재고를 가지고 있다가 망하는 방식이다. BTO는 고객이 주문하면 만들기 시작하므로 재고가 거의 없다. 세상에 잘 나가는 기업과 망하는 기업의 차이는 오직 하나이다. 재고가 없는 기업과 재고가 쌓여 있는 기업의 차이이다.

1989년 포스코(당시 포철)의 장기발전계획 수립에 참가한 적이 있는 저자로서는 포스코에서 가장 힘 있는 자리가 제철소장이라는 것을 잘 알고 있었다. 공급이 부족한 시절에 생산계획 권한을 가지고 있었기 때문이다.

2001년 디지털 포스코 사례를 보면서 생산계획의 권한이 제철소장에서 마케팅 부서로 넘어간 엄청난 변화를 느낄 수 있었다. 이 내용은 프린티스 홀(Prentice Hall)에서 출판된 책에서 우수사례에 수록되었으며, 주요 메시지는 "고객으로 가자!"이다. 핵심비전은 고객화였고, 이를 위해 전자 공급사슬(e-supply chain)이 핵심도구가 되었다.

자동차 산업에서의 고객화도 눈에 띈다. 본격적인 자동차 산업의 성장을 포드의 T형 자동차 이후로 보면, 1900년대가 1세기에 해당한다. 1세기의 자동차 산업은 역시 예측기반의 BTS형 생산방식이었고, 이 방식은 재고가 늘어나며 고객만족도는 떨어지고 수익이 감소하는 문제를 안고 있었다.

2000년대는 자동차 산업으로 보면 2세기에 해당하는 세대이고, 이 시기는 예측기반 생산방식에 대한 반성에서 시작된다. 자동차 산업의 2세기에는 BTO형 생산방식이야말로 그 대안이 되어야 한다는 주장이다. 결론적으로 말하면, 재고를 없애고 고객을 만족시키는 도구는 BTO이다.

고객은 튀고 싶어한다. 나만의 것에 대한 욕구가 나날이 발전하고 있으며 개성이 강한 그들에게 중요한 것은 어떻게 하면 다르게 보이고 나를 강조하느냐이다.

이러한 개성의 표현을 미리 읽어서 성공한 예 중 하나가 싸이월드이다. 싸이월드에서 만들어낸 수만 가지 아이템들은 단지 선택하여 갖고 있기만 하는 것에서 벗어나 똑같은 아이템을 가지고 있다 하더라도 그것을 미니룸에 어떻게 배치시키느냐에 따라 다양하고 개성 넘치는 미니룸을 만들어내게 만들었다.

개성을 중요시 하는 고객에게 타인과 다르게 자신을 표현하는 미니룸은 선공정의 표준화(기업이 미리 만들어 놓은 아이템)와 후공정의 다양화(원하는 아이템을 구입해서 고객이 원하는 위치에 배치시켜 놓음)를 원칙으로 하는 고객화의 성공이라 할 수 있다.

많은 인터넷 업체가 수익성이 떨어져 위기를 맞을 때, 싸이월드는 고객화 컨셉을 담은 아이템을 '도토리'라는 앙증맞은 사이버머니로 팔아 치우면서 성공했다.

 **좋은 회사**는 팔고 난 후에
만들기 시작한다

고객 개개인의 욕구를 충족시키는 고객화를 추구하기 위해 필요한 것은 경영자들이 그들의 통찰력보다 직접적인 '고객의 소리'를 듣는 것이 우선일 것이다.

1996년 자동차 포털사이트로 출발한 vehix.com은 2002년 1월 미국에서 TV광고를 통해 자동차를 자기 기호에 맞게 선택하여 인터넷에 의한 맞춤화된 자동차를 주문형으로 판매하는 노력을 시도하였다. 동시에 사이트를 통해 원하는 자동차의 사이버 테스트 드라이브, 금융, 비교구매 서비스를 제공했다. 1963년도에 설립된 미국의 SEMA(Speciality Equipment Market Association, www.sema.org) 역시 고객의 주문에 따라(현재까지는 주로 특수차량 중심으로) 필요한 기능을 추가하거나 또는 불필요한 기능을 제외한 자동차를 제작, 공급하여 연간 130억 달러에 이르는 매출을 기록했다. 이처럼 소비자들의 고객화된 욕구에 부응하기 위한 다양한 기업 활동들이 점차 활발하게 일어나고 있다.

또한 챔피언 엔터프라이즈(Champion Enterprises)는 새로운 개념의 조립식 주택을 창출해냈다. 조립 주택의 기존 이미지는 '싸고 빠른 시간에 지을 수 있지만 정형화되고 낮은 품질'이었다. 그러나 챔피언 엔터프라이즈는 구매자 개인의 정서에 맞는 집을 제공하기 위해 둥근 천장, 채광창, 벽난로와 같은 최고급 마감재를 고객이 직접 선택하도록 하였다.

이는 저소득층 및 중간소득의 구매자들에게 임대주택 또는 아파트 보다 좋은 이미지를 줌으로써 조립 주택에 대한 새로운 인식과 함께 구매욕을 자극할 수 있었다. 또한 새로운 이미지 정립은 부유층에도 어필함으로써 조립 주택에 대한 관심도를 높였다.

역시 델 컴퓨터는 IBM, 컴팩 등 PC업체들이 불황일 때 고객들이 원하는 PC를 신속하게 배달하는 맞춤 형태의 새로운 비즈니스 모델을 창출함으로써 PC업체의 새로운 강자로 떠올랐다.

이러한 사례들의 공통점은 고객화를 중심으로 시장에서 살아남은 경쟁력있는 기업들이라는 점이다. 이에 고객화를 이끄는 중요한 요건이 무엇인지 살펴 볼 필요가 있다.

고객화를 위한 효과적인 BTO(주문 후 생산)를 위해 모듈화[18]가 주목 받고 있다. 오늘날 모듈화가 주목을 받고 있는 주요 이유는 복잡한 시스템을 모듈을 통해 분해할 수 있기 때문이다. 분업은 아담 스미스의 〈국부론〉에서 노동생산성 향상의 핵심적 요소로 강조된 후 오늘날까지 기업들의 생산성 향상을 위해 강조되어 왔다. 하지만 분업의 범위와 내용에 있어서 변화가 일어나면서 생산양식 변화가 시도되고 있다. 모듈화는 기존 기업내부 중심의 분업생산 방식을 외부기업과의 생산분업 방식으로 진전된 것이라는 의미를 가진다.

모듈화는 부품의 기능별, 관련 부품별로 납품하는 납품단위를 이전보다 크게 하거나 주요 생산라인에서 행하는 일부 작업을 서브조립 형태로 행하는 것이다. 즉 전체 제품을 서브시스템으로 분해하여 큰 덩어리의 모듈 부품으로 생산함으로써 조립공정 수를 줄이고 공정시간을 단축시킨다. 또한 모듈 제품의 표준화를 통해 인터페이스를 같게 하여 각 부품 간 조립이 가능하게 되면서 완성품 제조자나 제품 사용자에게 높은 유연성을 제공한다.

여러 기업들이 각 부분별 모듈 제품을 만들고 이들을 조합하여 완성품을 만들 때, 각 모듈 제품마다 그리고 각 공정마다 품질에 대한 책임을 지는 노력이 집적화되면 보다 신뢰성이 높은 제품의 생산이 가능해진다. 그러므로 모듈화란 부품을 그룹화 하여 다른 부품과의 연결방식 즉 인터페이스를 규범화함으로써 그 부품의 그룹을 어느 정도 독립된 덩어리로 개발하고 제조한다는 아이디어를 말한다.

모듈화 전략은 컴퓨터 산업에서 시작되었다. 하버드 대학의 볼드윈(Baldwin)과 클라크(Clark)는 IT산업에서 본격화된 모듈화가 다른 제조업으로 확산될 뿐만 아니라 금융 등의 서비스업이나 조직관리 전반에서 응용될 것이라고 주장하였다.

빠른 기술의 발전에 따라 상대적으로 기술이 진부화된 부품을 저렴하게 공급받음으로써 적가를 실현하고, 기존의 컴퓨터 하드웨어에 정보처리 능력이 높은 새로운 부품을 같은 인터페이스에 장착만 하면 되므로 적시에 제품의 공급이 가능하며, 철저한 인터페이스의 표준화와 제품검사를 통해 적품을 실현할 수 있다.

모듈이라는 서브시스템이 이 복잡한 컴퓨터 제품이나 업무 프로세스를 단순화시켜줌으로서 광범위한 혁신이 가능해졌다. 모듈 생산으로 인한 생산의 모듈화(modularity in manufacturing)는 서브 어셈블리나 모듈의 사전 적합도 검사, 그리고 공급업체에게 이러한 활동의 일부를 이전하는 방식을 통하여 주 제조과정에서의 복잡성을 줄일 수 있다.

이러한 모듈화는 선공정의 표준화와 후공정의 다양화를 쉽게 달성하기 위해 기업 간 분업과 통합의 원칙을 추구하고 있으며 고객화를 지향하는 BTO에 중요한 초석이 된다. 이것은 제품이 복잡할수록 그 중요도가 더 커질 수밖에 없다. 그렇기 때문에 부품이 2만여 개가 넘는 자동차나 오토바이, 컴퓨터, 하이테크 제품에서 충분히 활용될 수 있는 개념이다.

이때 꼭 기억해야 할 점은 품질의 유지이다. 품질이 따르지 못하는 모듈화는 의미를 갖지 못하며, 이에 따른 고객화 역시 고객에게 외면을 받기 때문이다.

좋은 회사는 팔고 난 후 만들기 시작한다. 만들어서 팔던 시대는 끝났다. 완성품을 창고에 쌓아 놓고 팔 궁리를 한다면, 이미 늦은 것이다. 최상의 부품을 최적의 상태로 준비하고(필요에 따라 모듈로) 손님을 맞자. 그리고 그들이 원하는 것과 가장 가까운 형태로 완제품을 조립해낸다면 고객 만족과 기업 이윤의 두 마리 토끼를 잡은 것이다.

마케팅 철학 제9법칙 : 고객화의 CC

"광적일 정도로 최고의 고객가치 창출에 노력한 것이 지속적으로 수익을 창출한 배경이다"

"사실 특별히 '전략'이라고 내세울만한 것은 없다. 고객의 입장에서 그들이 필요로 하는 것을 먼저 살피는 델 컴퓨터의 경영정신을 유지할 것이다."

마이클 델, 델 컴퓨터 CEO

마케팅 철학 제10법칙
윤리와 진실의 CC

"잡은 물고기에 먹이를 주라고?"

진심 마케팅,
왜 잡은 물고기에게 밥을 주어야 하는가?

도요타 방식으로 유명한 5why는 일본 대중을 과학자로 만들어 잃어버린 10년을 부활시키는 원동력이 되었다. "왜?"를 5번 묻는 것에 의해 근본의 원인을 찾고 문제를 해결하는 방식이다.

Y세대가 주도하는 한국이란 말이 있다.

18대 국회의원 선거는 한마디로 X세대의 퇴진과 Y세대 국회의원의 다수 등장이 그 특징이다. Y는 why와 발음이 비슷한 세대로써 X세대가 베이비붐 세대에 의해 만들어진 기존 질서와 규범을 과감하게 깨뜨리면서 현실타파와 개혁을 내세웠다면 Y세대는 "왜?"라는 질문을 통하여 새로운 합리적인 사회 변화의 에너지를 얻는 세대이다. 이에 저자는 5why의 법칙을 말하고 싶다.

첫째, 왜(why)? 물과 기름이 섞일 수 있을까?

자신을 칭찬하는 국민은 내 편이고 까다로운 국민은 네 편이라는 이분법적 편견을 갖지 말자. 영업장에서 까다로운 고객의 꾸짖는 소리는 성공을 부르는 소리이다. 이제 불만족한 국민에게서 기회를 찾아야 한다. 지난 X세대 국회의 특징은 타협과 상생의 정치가 부족했다. 이번 Y세대 국회의원은 자신을 제외한 297명을 배려하고 설득할 준비를 할 수 있어야 한다.

그래서 이번에는 상생과 협력을 통해 물과 기름이 새로운 에너지가 되어 통섭, 융합하는 국회가 되어야 한다. 로마 천년의 장수 비결은 다른 나라들이 문을 만들어 닫을 때 로마는 길을 만들어 개방했기 때문이라는 교훈을 살렸으면 한다.

둘째, 왜(why)? 잡은 물고기에게 밥을 줘야 하는가?

일단 국회의원이 되고 나면 4년 후에나 볼 국민이 잘 안 보인다. 국민보다 청와대에 관심이 많다. 그런데 잡은 물고기에 최고의 정성을 다해야 한다. 그러면 이들이 입소문을 낸다. 좋은 회사는 입소문 관리를 기업이 하는 것이 아니라 고객이 하도록 한다. 만족한 고객이 바로 영업부장이 되기 때문이다. 지금부터 청와대가 아니라 나를 뽑아 준 국민을 위해서 일해야 한다.

셋째, 왜?(why) 법적으로 문제없습니다. 밀어부칩시다!

정당성에 대한 편견이다. 준법과 위법 사이에 편법이라는 것이 있다. 이때 조심해야 한다. 늘 이것이 문제가 된다. 중요한 결정을 할 때마다 높은 수준의 도덕과 윤리의식을 가지고 국가의 미래를 보고 국민의 처지에서 생각해 봐야 한다. 그래서 국민의 마음을 얻어가야 한다.

넷째, 왜(why)? 품질이 좋은데 실패할까?

좋은 학력과 경력이면 성공한다는 편견이다. 제품이 좋다고 잘 팔리던 시대는 지나갔다. 경쟁이 심해질수록 국회의원들의 경력이 평준화되고 있다. 세미나에 참석해서 인사말만 하고 폼만 잡는 국회의원을 이제 더 이상 좋아하지 않는다. 세미나에서 열심히 토론하는 의원들을 원하고 있다.

다섯째, 왜(why)? 이쯤하면 되지 않을까?

성공에 대한 편견이다. 국민은 언제나 떠날 준비를 하는 사람이다. 성공이라는 소리를 들을 때가 가장 위험하다. 성공을 느끼는 순간 나태해지기 시작한다. 아이스크림도 처음에는 맛있다고 느끼지만 곧 느끼지 못한다. 그래서 31가지 맛을 내는 아이스크림이 만들어졌다. 이제 특별하지 않으면 살아남을 수 없다.

김기찬, 〈매일경제〉 칼럼: 매경의 창

 ## **진심**이 가져오는 행복

"잡은 고기에 밥주냐?"는 말이 있다. 어차피 잡았는데, 이제 요리해서 먹을 일만 남았는데 왜 밥을 주느냐는 말이다. 맞는 말이다. 그런데 고객은 잡은 고기가 아니다. 그럼에도 불구하고 이 격언을 머리에 담고 사는 어리석은 경영자가 있는 모양이다. 고객은 '잡은 고기'지만 '잡아 먹어버리는 고기'가 아니다. 다시 말해 고객은 영원한 '파트너'가 될 수는 있지만 '일회용'이 되어서는 안 된다는 뜻이다.

고객을 일회용으로 보는데 어떻게 진심이란 것이 있을 수 있단 말인가? 진심이란 통하기 마련이다. 당신이 진심으로 고객을 대하고 고객의 말에 귀 기울여 마음을 열 때, 고객도 당신의 진심을 가슴으로 받아들일 수 있다. 이러한 관계는 매우 자연스러운 현상이며 당연한 말처럼 들리지만 반대로 행동으로 옮기기에 매우 어려운 일 중 하나다. 눈앞에 보이는 이익에 눈이 멀면, 진심은 보이지 않을 때가 많기 때문이다.

과거 성공을 이끌던 기업의 특징이 매수, 협작 등이었다면, 현대 기업은 고객과의 관계를 튼튼히 하면서 성공을 이끈다고 레기스 마커너가 주장한 바 있다. 그리고 이러한 고객과의 관계를 지속적으로 이끄는 주요한 키워드는 바로 진심인 것이다.

진심으로 고객을 대할 때 고객도 감동하게 되고 기업을 경쟁관계나 부도덕한 적으로 바라보지 않고 파트너로 보게 된다. 진심은 상호 작용에 가장 강력한 도구이다. 고객을 대할 때 가장 옳은 길은 진심으로 대하는 것임을 잊지 말아야 한다.

그렇다면 이러한 진심에 대해 조금 더 이야기해보기로 하자.

진심은 통한다는 말은 누구나 잘 알고 있는 말이지만, 관계를 형성하고 유지하는데 있어서 항상 진심을 다하는 것은 쉽지 않다. 사실 진심을 다하고 진실만을 말하는 것은 인간으로써 매우 어려운 일이기 때문이다. 우리는 살면서 많은 거짓말을 한다. 때로는 하얀 거짓말이라는 그럴듯한 포장을 씌워서 거짓을 변명하기도 한다.

이러한 이유는 인간이 자신의 이익을 위해 유리한 상황을 만드는 것에 익숙하기 때문이다. 거짓을 통해 자신에게 이익이 되는 것이 올 것으로 믿으며, 이것이 영원히 지속될 것으로 생각한다. 때로는 이 거짓말이 오래 갈 수도 있다. 하지만 거짓말은 진심보다 약하다고 믿는다. 인간관계에서 가장 중요한 것은 진심이다.

이렇게 진심을 통한 관계는 협력이라는 중요한 파트너십을 만들어낸다. 톰 모리스(2000)에 의하면 협력을 관계의 가장 높은 단계로 설명하고 있다.

먼저 개인이나 조직 사이에 존재할 수 있는 동료 관계 중 가장 부정적인 관계는 전투적 관계라고 설명했는데, 그것은 공격, 저항, 그리고 피해(손해)라고 했다. 또한 국가가 전쟁을 일으킬 수 있듯이 개인도 마찬가지라고 주장했다.

두 번째는 경쟁적 관계인데, 이때 두 관계는 분발을 통한 경쟁의식의 고취, 복합적 동기 등에 의해 나타난다.

세 번째 관계는 협동적 관계인데, 이것은 상하 관계에 의해 복종의 수준이 정해지며 서로 동의하는 수준의 관계를 형성한다.

마지막 관계는 협력적 관계이다. 협력적 관계에서 중요한 것은 상

[표 3] 동료 관계에 따른 주요 특징

동료 관계	자세	주요 특징
전투적 관계	싸움	공격, 저항, 피해
경쟁적 관계	분발	경쟁의식, 복합적 동기 부여
협동적 관계	동의	동조, 복종
협력적 관계	동반자 정신	협동적 상호작용

자료 : 톰 모리스, 〈아리스토텔레스가 GM을 경영한다면〉, 예문사

호작용을 통해 동반자 정신을 갖는 것이다. 신뢰에 의한 진심이 통하기 위해서 동료관계는 협력적이 되어야 한다.

　냉전의 시대는 끝났다. 관계에서도 전투적 싸움은 이제 의미가 없다. 경쟁적 관계 역시 의미가 없다. 기업과 고객이 서로 경쟁해서 무슨 이익을 보겠는가?

　톰 모리스는 경쟁은 활기를 주고 생산적일 수도 있지만 정신을 흩어지게 하고 기운 빠지게 할 수도 있다고 주장했으며, 때로 경쟁은 전투나 싸움의 여러 속성을 지니기 때문에 이런 경우에 경쟁이 정당하지 않은 싸움으로 변질되어 부정적 결과를 낳을 가능성도 많다고 설명한다.

　저자 역시 경쟁의 동료 관계는 때로 생산의 효율성과 발전을 가져오기도 하지만 전체적으로 부정적으로 변질될 가능성이 높다는 의견에 동의한다. 경쟁적 관계는 일순간의 효과가 나타날 수는 있지만, 지속적인 관계를 유지하는데 효과적이지 않다.

　이렇게 볼 때 가장 좋은 동료 관계는 협력적 관계이다. 이때 협력적 관계와 협동적 관계를 명확히 할 필요가 있다. 앞서 말한 대로 협력이란 동반자의 의미를 가지고 있다. 그러므로 쌍방향 커뮤니케이션을 통한 상호 작용의 중요한 관계가 바로 협력이다.

　팀 모리스는 협동은 '여러 손이 모여 일을 완수하는 것'이라 설명하고, 협력은 '손뿐만 아니라 머리도 합하는 것'이라고 정의했다. 그러므로 협력은 팀과 관계있고 기본 변화와 연관이 있으며, 공동체, 창조성, 학습, 창조적 건설, 그리고 개척자의 정신과 관계있다고 했다.

그러므로 기업가들은 이러한 협력의 중요성을 마음 깊이 새겨야 한다. 고객과의 관계는 1회적 먹잇감이 아닌 평생 같이 가는 반려자의 특징을 가지고 있다. 그래서 진심을 다해 그들을 대할 때, 그들과 동반자가 될 수 있으며, 협력의 효과가 나타날 것이다.

최근에는 진심 마케팅이 마케팅 전략으로 나타나고 있다. 진심에서 우러나오는 마케팅이 기업을 지속적인 경쟁적 우위로 이끄는 핵심 전략이 될 수 있다. 위기를 모면하기 위한 거짓은 통하지 않는다. 고객을 무서워해야 한다. 쉽게 속일 수 있다고 생각하는 기업은 고객의 냉정한 심판을 받는 세상이 왔기 때문이다. 고객뿐만 아니라 판매업자, 공급업자, 종업원 관계에도 이 공식은 성립한다.

관계의 중요성에서 언급한 철학을 잘 기억해야 한다. 관계의 중요성, 그 관계의 기초에는 진심이 있다는 철학적 관점을 가지라고 주문하고 싶다. 부정적인 관계가 아닌 긍정적인 관계가 유지되고 발전할 때, 그 관계 속에서 긍정적 시너지가 창출하게 될 것이다.

 **거짓**은 이제 더 이상 통하지 않는다

거짓말에 대한 정의를 보면 "거짓말이란 진술의 형태로 표현된 의도적으로 속이려는 메시지"[19]라고 한다. 거짓말에 대한 여러 학자의 의견을 보면, 거짓말은 목적이 공격적이냐 보호적이냐에 따라, 또는 대상이 말하는 사람 자신이냐, 듣는 사람이냐, 관련된 제3자냐에 따라서도 여러 가지로 분류하여 설명할 수 있다.

위기 속의 본능적 거짓말이나 우호적 거짓말 등이 있는가 하면, 즐기는 거짓말이나 적대적 거짓말 등도 있어 거짓말은 그 종류가 다양하다. 그러나 국내 상황을 고려해 보면, 우리 사회에서 나타나고 있는 거짓말에는 다음과 같은 특징이 있다.[20]

첫째, 한국인에게 있어서의 거짓말은 자기들의 입장과 처지를 보호하기 위한 보호적 거짓말의 성격이 강하다. 그래서 임기응변적 거짓말인 경우가 많으며, 동정이나 감정적인 거짓말인 경우이다.

둘째, 보호하려는 대상은 거짓말하는 사람 자신과 그와 우호적으로 관련된 제3자로 나타난다. 독재정치를 경험했던 한국인에게 있어서 거짓말은 자신을 변호하며 제3자를 보호하려는 경향이 매우 크게 나타난다.

셋째, 타성적 거짓말이 나타나고 있다는 것이다. 타성적 거짓말은 마치 양치기 소년처럼 습관적으로 거짓말을 하며, 자신의 거짓말을 심각하게 생각하지 않는다.

이런 국내 거짓말의 유형을 살펴 볼 때, 부정부패가 쉽게 사라지지 않으며 기업의 정경유착이 아직도 남아있는 것은 어쩌면 당연한지 모르겠다. 그러나 현대에 와서 국민 정서는 옳고 그름이 명확해지고 있으며, 감정적이 되기보다는 현명하고 때로는 냉정함을 유지하는 쪽으로 변화하고 있다.

고객은 매우 영리하고 현명하다. 이제 거짓말은 통하지 않는다. 과기에는 기업이 저지르는 잘못을 눈감아주고 거짓말을 용서했지만, 이제 고객은 그들의 잘못을 용서하는 것이 국민으로써 해야 할 도리라고 생각하지 않는다. 잘못을 잘못했다고 시인하게 하고 잘못을 고쳐야 한다고 생각할 만큼 현명한 것이다.

이젠 진실 말고 그 어떤 것도 사람의 마음을 움직일 수 없다는 것을 기업은 꼭 기억해야 한다. 진심을 담지 않으면 고객은 외면할 뿐이다.

마음을 열어 진실을 밝히고 마음을 다하여 관계를 유지했던 성공 기업은 많다. 반면에 수단과 방법을 가리지 않아도 된다는 부정적 관계로 실패한 사례 역시 매우 많다.

앞서 언급한 존슨 앤 존슨의 타이레놀 독극물 사태 때, 고객에게 사실을 빨리 알리고 고객을 진심으로 대하지 않았다면 기업이 엄청난 손해에도 불구하고도 전미 지역의 모든 약을 회수하기로 하는 결정을 그렇게 빠르게 할 수 있었을까?

사랑하는 사람을 얻기 위해서 진심을 보이지 않는다면 그 마음을 얻을 수 있을까? 그리고 진실하지 않다면 사랑하는 사람의 마음을 끝까지 유지하고 지킬 수 있을까? 고객은 사랑하는 사람이다. 고객을 사랑하는 사람으로 여기는 철학이 없다면, 그 기업은 결코 고객의 사랑을 얻을 수 없다.

마케팅 철학 제10법칙 : 윤리와 진실의 CC

무엇보다 윤리적이고 진실한 회사가 되어야 한다.

제1원칙, 철학없이 시스템만으로는 윤리적인 회사가
될 수 없다. 철학있는 윤리를 가져라.

제2원칙, 고객에게 진심으로 대하라.
그리고 고객과 싸우려 하지 마라.

에필로그

철학을 파는
CEO

 **철학**이 있는 마케팅을 하자

 이제 우리는 21세기에 서 있다. 지금까지의 마케팅 컨셉과 다른 새로운 컨셉이 시장에 나타나게 될지 모른다. 가장 눈에 띠는 시장 변화는 이미 20세기 말부터 나타난 정보기술의 눈부신 발전이다.

 과거의 마케팅 컨셉은 물건을 팔기 위해서 고객과 가까운 곳에 입점하고 고객의 눈에 띄는 곳에 판매를 실시해야 하는 단순한 사고를 가지고 있었다. 그러나 정보통신의 발달과 이를 통한 인터넷의 발달은 집에 있는 고객과의 접촉을 가능하게 만들고 있다.

 기업은 인터넷을 통해 제품을 소개하고 고객을 유혹하며 구매를 유도하고 있다. 점점 더 많은 사람들이 인터넷과 홈쇼핑 등을 이용하여 다리품을 팔지 않고 편하게 제품을 구매하게 될 것이다. 전화기 버튼과 마우스 클릭만으로 가장 쉬운 방법을 통해 제품을 집에서 받아볼 수 있다. 이 모든 것이 정보의 발달로 가능해진 것이다.

이것은 기업의 측면에서는 무한한 가능성을 가진 기회로 보여질 수도 있고, 다른 측면에서는 무서운 위협으로 보여질 수도 있다. 그러나 변화하는 시장을 무시할 수는 없다. 변화에 발맞추어 마케팅을 수립하고 변화를 이용해야 한다.

또한 21세기는 글로벌 시대라고도 한다. 이제는 '우리'라는 개념, '국가'라는 개념은 큰 의미가 없다. 지리적, 문화적 차이는 정보기술과 교통 등의 비약적인 발전으로 사라지기 시작했다. 세계 어디든 우리 제품을 팔아 고객으로 만든다는 신념을 가질 때가 되었다. 우물 안의 개구리는 이제 그 우물물이 말라 죽을 수도 있다.

성공하는 것은 어쩌면 쉬울 수 있다. 그러나 지속적으로 성공하는 것은 쉬운 일이 아니다. 그것은 철학을 기반으로 하여 부단히 고객을 사로잡을 아이디어를 창출하고 진화를 게을리 하지 않는 것이다.

사실 마케팅에는 정답이 없다. 그 상황에 맞는 그 특성에 맞는 지혜로운 답이 존재할 뿐이다. 그러므로 정답을 찾으려 하지 마라. 유일무이한 답은 존재하지 않는다. 그러나 철학을 지니고 있다면 그 철학을 계속 기억하고 지키려 노력한다면, 이 빠르게 변화하는 세상에서 당신은 지속적인 성공을 유지할 수 있을 것이다.

이에 그 철학을 다시 한 번 생각해 볼 필요가 있다.

고객이 얼마나 만족하고 있는가? 감동했는가? 아니면 졸도했는가? 고객이 졸도할 만큼 주지 못하는 기업은 성공할 수 없다. 고객이 진정 원하는 것을 읽어야 한다. 진정한 고객 사랑은 고객을 졸도할 만큼 행복하게 만드는 것이다.

인생에 있어 행복만큼 소중한 것은 없다. 고객을 행복하게 만들 때 기업도 같이 행복해 질 것이다. 가장 중요한 철학은 고객을 얼마나 행복하게 만드는가 하는 것이다.

당신이 지금 고객에게 팔고 있는 것은 무엇인가? 제품인가? 서비스인가? 당신이 팔고 있는 것을 제품으로 정의하는 기업은 기업정의를 다시 하라고 주문하고 싶다. 기업은 보이지 않는 것의 가치를 더욱 중요하게 여겨야 한다. 보이는 것만 팔던 시대는 끝났다는 것을 기억하자. 보이지 않는 경쟁력을 중요한 마케팅 철학으로 기억해 두어야 한다. 보이지 않는 가치에 대해 믿어야 한다.

관계성이 지닌 신기한 재주를 깨닫고 있는가? 들숨날숨의 철학적 법칙을 기억해야 한다. 협력을 통한 들숨과 날숨의 철학을 통해 관계의 중요성을 잊지 말아야 한다.

과거에 성공했던 기업이 지금 밀려나고 있는 이유는 무엇인가? 변화하지 않는 기업은 전쟁에서 이길 수 없다. 공룡이 이 세상에서 사라진 것을 잊지 말아야 한다. 공룡은 나만 살아야 한다는 이기심으로 주변의 생태계까지 먹어치운 것이다. 지금의 부와 영광이 계속될 수 있느냐 없느냐의 차이는 변화에 적응하느냐 못하느냐의 차이이다. 이것은 가장 막강한 기업의 핵심우위가 될 수 있는 철학이라는 것을 명심해야 한다.

저자는 또한 다음과 같은 질문을 다시 한 번 던진다.

고객에게 희망과 체험을 주고 있는가?
고객의 기대와 가치와의 관계를 알고 있는가?
차별화의 진정한 의미는 무엇인가?
잘 나가는 브랜드에는 어떤 특징이 있는가?

이러한 질문에 답할 수 있는가? 그렇다면 중요한 철학적 의미를 이미 몸으로 체득한 것이다.

감성으로 제품을 대하는 고객의 마음을 얻는 방법과 튀고 싶어하는 고객의 마음을 얻는 방법을 모두 숙지하자. 역시 성공하는 기업이 가지고 있는 중요한 철학이다.

그러나 이 모든 것의 기초가 되는 것이 있다. 무엇인가?

바로 고객에게 마음을 다하는 것, 진심을 다하는 것이다. 진심은 어떻게든 통하며 가장 강력한 무기가 될 수 있다는 것을 잊어서는 안 된다. 이렇게 철학으로 무장하여 마케팅을 하자.

 # 공부하는 CEO가 성공하는 시대

　　박학다식이란 학식이 넓고 아는 것이 많다는 사전적 의미보다 '박사와 학사는 식사를 자주한다' 라는 우스갯소리가 마음에 와 닿는다. 최근 몇 년간 가장 바쁜 CEO들이 아침 일찍 식사를 하면서 강의도 듣고 토론을 하는 조찬회가 많아지고 있다.

　소공동 C호텔은 아침 저녁으로 CEO들이 교육을 듣기 위해 몰려들고 있다. C호텔의 경쟁자는 옆의 L호텔이 아니라 서울대학교나 하버드대학쯤이 아닐까 생각된다. 교육공간이 되고 있다는 의미다. 이 바쁜 시간에 어떤 CEO들이 교육 프로그램에 참가하고 있을까? 필자가 만나본 특징은 이들이 모두 경영성과가 높다는 사실이다.

　왜 그럴까?

　기업이란 '지식을 상식화하는 곳' 이고 학교란 '상식을 지식화하는 곳'이다. 복잡한 지식이 여러 사례를 통해 일반인들이 보편적으로 인식하게 되면 상식이 된다. 상식을 따르는 CEO는 역사를 발전시킨다.

그런데 종종 상식을 깨뜨리는 사람은 역사를 바꾸는 사람이다. 이들은 돌연변이다. 그렇지만 이들은 대학에서 연구의 대상이 되어 새로운 상식으로 만들어진다. 그리고 그 상식이 기업에서 응용된다.

마케팅을 하나의 공식으로 표현하면 '성공적인 마케팅=시도(trial) ×재구매(repeat)'이다. 즉 고객들로 하여금 구매를 시도하게 하고, 재구매하게 해야 한다. 이 공식을 철저히 회사에서 상식화하면 그 회사는 분명히 마케팅에 성공한 회사가 될 수 있다.

그런데 첫 구매시도를 유도하기 위해서는 고객이 제품을 사야 할 이유(why)를 주어야 한다. 제품에 컨셉을 담아 사용하고 싶도록 유도해야 한다. 기대와 희망을 컨셉에 담자.

다음으로 한번 산 제품을 다시 사도록 해야 한다. 이를 위해서는 구내체험이 감동직이이야 한다. 제품 보급율이 낮을 때는 컨셉 관리가 중요하지만 보급률이 높아질수록 체험관리가 중요하다. 전자의 구매시도 유도를 위해서는 전통적인 F&T(Feature & Trait) 마케팅이 강조되는 반면, 후자의 재구매를 유도하기 위해서는 체험 마케팅(experiential marketing)이 중요하다.

기대 성과보다 체험 성과가 커지면 고객들의 제품 사용의 자부심이 높아지고 저절로 브랜딩(branding)이 된다. 브랜딩이란 고객들이 자부심을 가지고 제품을 사용하는 단계이다. 성숙기에 잘 나가는 기업들은 체험 마케팅에 성공한 경우가 많다.

민들레영토는 '엄마처럼', 총각네 야채가게는 '가족처럼'의 체험이 성공을 거두었다. 민들레영토의 지승룡 대표가 '엄마의 젖을 빨다 잠든 아기는 엄마의 정성에 감동해 졸도'한 것이라고 했듯이 '고객을 엄마만큼만 애정을 가지고 대하자.'

결국 '마케팅=f(희망×체험)' 이다. 고객의 희망 관리와 체험 관리만 잘 하면 마케팅은 성공할 수 있다. 그런데 누가 더 열심히 철저하게 실천하느냐의 문제이다. 기능 관리보다 사람 관리가 더 중요하다. 그래서 교육시간이 많은 회사일수록 좋은 회사이다. 좋은 회사는 사람을 키우고 그 사람이 회사를 키우는 선순환이 잘 작동하고 있기 때문이다.

아침에 식사하면서 배운 지식을 낮에 실천하는 CEO는 성공할 가능성이 높다. 이것이 박학다식한 CEO가 성공하는 학습사회의 모습이 아닐까?

타이거 우즈는 늘 코치와 함께 다닌다. 코치는 원칙을 주고 타이거 우즈는 그것을 잘 실천한다. 지식이 멀리 있는 것이 아니라 우리 생활 속에 있을 때 더욱 경쟁력 있는 사회가 된다. SK그룹 고 최종현 회장의 "놀 때는 교수하고 놀아라"라는 말씀이 생각난다. 반대로 교수는 CEO들과 많이 대화하는 기회를 갖는 것도 중요하다.

CEO는 교수의 지식으로 기업 아이디어나 설득력 있는 논리를 얻을 수 있고, 교수는 CEO의 필요를 통해 좋은 논문의 소재를 얻을 수 있기 때문이다. 논어 위정편의 공자의 말씀처럼 학습만 하고 이것을 어디에 쓸까 고민하지 않는 것은 허망한 일이고, 고민만 하면서 공부를 하지 않는 일은 위태로운 것이다.

이제 CEO는 행동대장이 아니라 생각대장이 되어야 한다. 즉 밀어붙이는 느낌표(!)보다 왜 해야 하는 이유를 생각해보는 물음표(?)가 중요하다. '성공한 CEO=f(Why?×How!)'이다. 무조건 열심히 하는 사람보다 왜? 해야 하는가에 대한 답을 주면 종업원 몰입도가 높아진다.

이런 경영자를 저자는 Y(why)경영자라고 부른다. 문사철(문학, 사학, 철학)이 인기가 있는 이유도 그 때문이 아닐까? 노틀담대학 철학교수였던 톰 모리스의 강연이 CEO들에게 인기 있는 이유도 마찬가지 일 것이다.

우리 사회를 Wow로 만들 수 없을까? Wow란 대성공 또는 성황을 의미한다. 'Wow=?×!'이다. 우선 질문을 잘 해야 한다. 다음으로 실천을 잘 해야 한다. 순서가 바뀌면 엉뚱한 일만 시켜 종업원을 힘들게만 한다. 그러면 우리 사회가 느낌표 사회에서 물음표 사회로 바뀌고 생각이 많아지고 시스템의 컨텐츠가 풍부해진다.

아침저녁 공부하는 박학다식한 사람들이 더욱 많아졌으면 한다. 이것이 3만 불 시대를 향한 우리나라의 학습사회 모습이 아닐까?

■■ 참고문헌

국내

김기찬, 박성규, 송창석 역, C. Fine(2000), 〈기업진화의 속도 : 클락스피드〉, 민미디어

김기찬. 고기영 역, 후지모토 다카히로(2005), 〈TOYOTA 진화능력〉, 가산출판사

김기찬 역, 제프리 라이커(2004), 〈도요타 방식〉, 가산출판사

김기찬, 곽미애, 차현주(2005), "기업진화에 있어서 비즈니스 아키텍처의 특성변화와 진화단계별 제품 및 고객특성 분석", 〈마케팅저널〉, 한국마케팅학회

김경섭(2003), 스티븐 코비, 〈성공하는 사람들의 7가지 습관〉, 김영사

김왕기, "히트상품의 탄생", Seri CEO 강의안

김홍탁, 이상오(2000), "앱솔루트 보드카, 앱솔루트 애드 파워" CHEIL COMMUNICATIONS 〈제일기획〉

나이키 홈페이지(www.nike.com)

기업정보화지원센터(2003), 〈기업정보화수준평가 보고서〉.

대한상공회의소(2005),, "오래 살아남은 기업들의 적자생존 연구", 대한상공회의소

데이비드 아커(2003), 〈데이비드 아커의 브랜드 경영〉, 비즈니스북스

델컴퓨터 홈페이지(www.dell.com)

레인콤(2005), 〈레인콤 감사보고서〉

리처드 브랜슨, 〈나는 늘 새로운 것에 도전한다〉

렉서스 홈페이지(www.lexus.co.kr)

메리 루 퀸랜(2004), 〈여자에게 물어라〉, 이계정 옮김, 한언출판사

모리 유키오(2008), 〈히트상품을 맨 처음 사는 사람들〉, 고정아 옮김, 마젤란

민들레영토 홈페이지

비즈니스위크(2004)

삼성경제연구소(www.seri.or.kr)

세스 고딘(2004), 〈보랏빛 소가 온다〉, 이주형 역, 재인

송재범 외, 〈디지털시대의 직업윤리〉, 인간사랑

안광호, 차유철(2002), 〈광고원론〉, 법문사

오가사와라 쇼지(2004), 〈팔지않고 팔리게 하라〉, 삼양미디어

애니콜랜드(www.anycall.com)

엘지경제연구소 홈페이지

인터넷 매일경제신문(www.mk.co.kr) 매경의 창 칼럼

인터브랜드사(www.interbrand.co.kr)

임종원(1988), 〈마케팅관리〉, 법문사

조동성, 〈21세기를 위한 국제경영〉, 경문사

조선일보 Weekly Biz, 필립코틀러 인터뷰, 2007.8.10

한겨레신문(2005), 8월19일자 기사

한국자동차 공업협회(2004), 〈자동차 통계 월보〉

현대모비스(2002), 〈자동차 산업의 과거, 현재 그리고 미래〉

현대자동차(2005), 〈자동차 산업〉

혼다, 〈혼다자동차 50년사〉

해외

嶋口充輝, "關係性マーケテイングの 展開と課題'' 流通情報, 95년 7월호

Aoki, Masahiko, Anto Haruhiko ed.(2002), *Modurization: Nature of New Industry Architecture*, Touyo Kejai Sinmusha.

Bill Kelly(1988), "Five companies that do it right-and make it pay", *Sales & Marketing Management*, April 1988.

Brian Silverman(1995), "Shopping for loyal customers", *Sales & Marketing Management*, March 1995

Chandler, "The Visible Hand"

Denny Hatch and Ernie Schell, "Delight Your Customers," Target Marketing

Fine, Charles(1998), *Clockspeed-Winning Industry Control In the Age of Temporary Advantage*, Perseus Books.

Gare Armstrong & Philip Kotlrt(2002), *Marketing An Introduction*, 6ed., Prentice Hall.

K. Keller(1993), "Conceptualizing, Measuring and Managing Customer based brand Equity", *Journal of Marketing*, 57(1), 1-22

Fine, C. H.(1998), "Benchmarking the Fruit Flies: Clockspeed-based Strategy for Supply Chain Design, Addison-Wesley to appear".

Fujimoto, Takahiro(2002), "Japanese Style Supplier and Modurization".

Interbrand(1992), *World's Greatest Brands: An International Review*. New York: John Wiley & Sons.

Kenneth C. Laudon/Jane P. Laudon, *Management Information Systems-Managing the Digital Firm*, Prentice Hall.

Marco Iansiti and Roy Levien (2004), *The Keystone Advantage : What the New Dynamics of Business Ecosystems Mean for Strategy, Innovation, and Sustainability*, Harvard Business School Press (Boston: MA)

Michael E Porter, "Competitive Advantage : Techniques for Analyzing Industries and Competitors".

Michael E. Porter, *Competitive Advantage : Creating & Sustaining Superior Performance*, New York, Free Press

Patricia Sellers(1993), "Companies that serve you best", *Fortunes*, May 31,1993

Philip Kotler, Gary Armstrong(2001), *Marketing: An Introduction*, 6th edition, Prentice Hall.

QB(Quick Beauty) House(www.qbhouse.co.jp)

Quotes from Edwin McDowell, "Ritz-Carlton's Keys to Good Service," *The New York Times*, March 31, 1993.

Sissela Bok, Lying, "Moral Choice in Public and Private Life), New York Pantheon Books.

Sergio Zyman, "The end of marketing as we know it".

SEMA(Speciality Equipment Market Association, (www.sema.org)

Takeishi, Akira & Takahiro Fujimoto(2001), "Modularisation in the auto industry: interlinked multiple hierarchies of product, production and supplier systems", *International Journal of Technology management*, p376-396.

Tom Morris(2000), *If Aristotle ran General Motors*

W. Chan Kim and Renee Mauborgne(2005), 'Reconstruct Market Boundaries', *Blue Ocean Strategy*, pp.47-80

■■ NOTES

1. 임종원 교수는 이를 PSBP 패러다임이라 불렀다.
2. 보이는 손은 Chandler가 'The Visible Hand' 라는 책에서 사용한 개념임.
3. 세스 고딘(이주형 역), 보랏빛 소가 온다, 재인, 2004.
4. 이 책에서의 경쟁력에 관한 한 조동성 교수의 매커니즘 연구에 기반을 하고 있다. 앞으로 철학을 담은 매커니즘(Mechanism based view) 개발을 저자의 숙제로 생각한다.
5. Michael E. Porter, *Competitive Advantage : Creating & Sustaining Superior Performance*, New York, Free Press.
6. Marco Iansiti and Roy Levien (2004), *The Keystone Advantage : What the New Dynamics of Business Ecosystems Mean for Strategy, Innovation, and Sustainability*, Harvard Business School Press (Boston: MA).
7. 삼성경제연구소의 김왕기의 '소비자를 휘어잡는 법'에서 히트상품의 공식으로 CP모델을 제안한데서 아이디어를 얻어 마케팅 개념으로 확장하였으며, 자세한 내용은 김왕기, '히트상품의 탄생', SERI CEO 강의안 참조.
8. 이 부분은 가톨릭대 최윤승 ,한혜진 조교가 정리한 내용임.
9. 조선일보 Weekly BIZ, 필립 코틀러 인터뷰 발췌, 2007. 8. 10.
10. 세스 고딘 지음, 남수영, 이주형 옮김(2004), 〈보랏빛 소가 온다〉, 재인.
11. Bill Kelly(1988), Patricia Sellers(1993), Brian Silverman(1995) 등 자료에서 발췌하여 새로 정리함.
12. 마이클 포터가 주장한 본원적 전략은 차별화, 총체적 비용우위, 집중화임.
13. RV(Recreation Vehicle)의 약자로써 오프로드 성능이 강한 4륜구동 레저용 자동차.
14. SUV(Sports Utility Vehicle)의 약자로써 온로드와 오프로드 성능을 모두 갖춘 크로스오버형 자동차.
15. 스위칭 코스트(switching cost)는 전환비용이라고도 하는데 고객이 제품이나 서비스 등을 바꾸고자 할 때 발생하는 시간, 노력, 금전적 비용을 모두 의미함.
16. 깐깐한 구매자(vigilante shopper)란 물건을 고를 때 매우 신중하게 살피는 구매자로써 밤마다 자지 않고 스스로 자기를 지키는 자경단원의 뜻에서 유래함.
17. 적시, 적가, 적품이란 기업이 제품을 생산하여 고객에게 전달하는데 있어서 가장 효과적인 변수로써 고객이 가장 원하는 적정한 시간, 고객이 가장 원하는 적절한 가격, 고객이 가장 원하는 적정한 품질이란 뜻임.
18. 모듈화는 부품덩어리란 뜻을 가지고 있으나 정의하는 대상에 따라 달라짐(Aoki, 2002).
    (1) 컴퓨터와 같은 복합한 생산물 시스템의 설계에 있어서 모듈화(분해를 의미한다)
    (2) 자동차와 같은 물리적 생산물의 모듈화(범용부품화)
    (3) 조직의 모듈화(자율화)
    (4) 정보의 모듈화(정보의 캡슐화)
    (5) 조직설계적 측면에서의 모듈화(open architecture)
19. Sissela Bok, *Lying: "Moral Choice in Public and Private Life*, New York, Pantheon Books
20. 송재범 외, 〈디지털시대의 직업윤리〉, 인간사랑.

시장을 지배하는
마케팅 철학의 법칙 10

2008년 9월 20일 초판 발행

지은이 | 김기찬·차현주
펴낸이 | 이종헌
만든이 | 최윤서
마케팅 | 정현우
펴낸곳 | 가산출판
주 소 | 서울시 마포구 신수동 85-15
　　　　TEL (02) 3272-5530~1
　　　　FAX (02) 3272-5532
E-mail | gasanbook@empal.com
등 록 | 1995년 12월 7일 제10-1238호

ISBN 978-89-88933-78-7 03320